Neues Wissen und moderne Methoden am Arbeitsplatz

VDE-Bezirksverein Frankfurt am Main
Arbeitsgemeinschaft vom 11. 11. bis 2. 12. 1985
Herausgegeben von Dr.-Ing. Wilhelm Gilson

VDE-VERLAG GmbH

Berlin · Offenbach

Redaktion: Dipl.-Ing. Roland Werner

CIP-Kurztitelaufnahme der Deutschen Bibliothek

Neues Wissen und moderne Methoden am Arbeitsplatz :
Arbeitsgemeinschaft vom 11.11.–02.12.1985 /
VDE-Bezirksverein Frankfurt am Main.
Hrsg. von Wilhelm Gilson. – Berlin ; Offenbach : VDE-VERLAG, 1985.
ISBN 3-8007-1449-3

NE: Gilson, Wilhelm [Hrsg.]; Verband Deutscher Elektrotechniker / Bezirksverein ⟨Frankfurt, Main⟩

ISBN 3-8007-1449-3

Druck: Mercedes-Druck, Berlin 8511

Vorwort

Vor etwa 15 Jahren begann der Einsatz von Mikroprozessoren auf dem Produktionssektor. Während dieser relativ kurzen Zeitspanne, eigentlich erst in jüngster Zeit, erreichte der Computer auch auf diesem Gebiet maßgebliche Bedeutung.
An vielen Arbeitsplätzen halten somit weitere fortschrittliche Methoden ihren Einzug, wird neues Wissen von den Mitarbeitern verlangt.
Im Blick darauf wählte der Arbeitskreis Energietechnik des VDE-Bezirksvereins Frankfurt am Main für die Arbeitsgemeinschaft in diesem Winterhalbjahr das Thema »Neues Wissen und moderne Methoden am Arbeitsplatz«. In dieser Veranstaltung soll ein Einblick in die notwendigen Kenntnisse und die verfügbaren Methoden für die erfolgreiche Anwendung der CAD/CAM-Verfahren vermittelt werden.
Da eine junge und zugleich zukunftsweisende Entwicklung behandelt wird, stößt dieses Thema im großen Kreis unserer Mitglieder und Freunde auf besonderes Interesse.
Den Herren Vortragenden als den Autoren der einzelnen Beiträge dieser Broschüre, die sich bereitwillig für diese Arbeitsgemeinschaft zur Verfügung gestellt haben, gilt verbindlicher Dank. Ebenso sei all jenen Teilnehmern gedankt, die sich durch Anregungen, mit Fragen und im Gespräch an der Diskussion nach den Vorträgen beteiligten und so dazu beitrugen, das Thema zu vertiefen.
Der VDE-Bezirksverein Frankfurt am Main erfüllt mit der Herausgabe dieser Broschüre gern wieder seine Aufgabe, die ihn stets verpflichtet: In Anbetracht der schnell fortschreitenden Entwicklung in der Energietechnik möchte er eine eingehende Information, eine gute Beratung und die fachliche Grundlage für die Weiterbildung bieten.

November 1985 | Der Herausgeber

Inhalt

Integration von CAD in die innerbetriebliche Informationsverarbeitung

Dr. rer. nat. *Erhard Schwall*, BBC AG, Mannheim

EDV-gestütztes Projektmanagement

Dr. rer. nat. *Friedrich Wehking,* AEG Aktiengesellschaft, Ulm

CAD-Einsatz im Chemieanlagenbau am Beispiel der elektrotechnischen Detailplanung

Dr.-Ing. *Karl-Friedrich Geibig,* Hoechst AG, Frankfurt a. M.-Höchst

Einführung

Dr.-Ing. *Hans-Josef Forst,* BBC AG, Frankfurt am Main

Rechnergestützte Techniken zur Optimierung von Arbeitsabläufen in der industriellen Produktion haben in den letzten Jahren zunehmend Verbreitung gefunden. Sie sind heute nicht nur in Großunternehmen, sondern auch in mittleren und kleineren Betrieben anzutreffen.

Unter dem Sammelbegriff »Computer Integrated Manufacturing« (CIM) versteht man heute das große Spektrum von miteinander verbundenen Rechneranwendungen, das die gesamte Palette des Produktionsprozesses vom Entwurf bis zur Qualitätssicherung umfaßt.

Zur Erstellung von Fertigungsunterlagen werden CAD(Computer Aided Design)-Systeme eingesetzt, welche die Bereiche Entwurf, Berechnung, Konstruktion und Dokumentation abdecken. Sie sind in vielen Fällen, besonders bei komplexer Aufgabenstellung, ein unverzichtbares Hilfsmittel für die Unterstützung menschlicher Tätigkeit geworden.

Im Fertigungsbereich finden CAM(Computer Aided Manufacturing)-Systeme Anwendung, welche die Gebiete Planung, Materialflußsteuerung, Fertigung und Qualitätssicherung umfassen.

Das heute zur Verfügung stehende CAD/CAM-Leistungsangebot ist so umfangreich, daß es im Rahmen einer Arbeitsgemeinschaft nicht erschöpfend behandelt werden kann. Wir haben uns daher auf die Themen »Auswahlkriterien, Wirtschaftlichkeit und Integration von CAD in den betrieblichen Ablauf« beschränkt. Ferner sollen an einem Beispiel aus der Praxis die Einsatzmöglichkeiten von CAD in der elektrotechnischen Planung verdeutlicht werden.

Aus dem Teilnehmerkreis der vorjährigen Arbeitsgemeinschaft »Personal Computer am Arbeitsplatz des Elektrotechnikers« wurde mehrfach der Wunsch geäußert, dieses Thema durch weitere Vorträge zu ergänzen. Dieser Anregung folgend, haben wir ein Referat über EDV-gestütztes Projektmanagement in die Arbeitsgemeinschaft dieses Jahres aufgenommen.

Auswahlkriterien und Wirtschaftlichkeit von CAD-/CAE-Verfahren

Dipl.-Ing. *Kurt-Oskar Leitner,* Hoechst AG, Frankfurt a. M.-Höchst

1 CAD/CAE?

CAD/CAE, das Kürzel einer Basisinnovation, die unternehmerische, d.h. strategische Entscheidungen fordert, steht für die Anwendung der Datenverarbeitung in allen technischen Bereichen. Ursache ist der Zwang zur ständigen Verbesserung der Qualität von Erzeugnissen und Produkten für den Markt bzw. der dafür erforderlichen Fertigungsanlagen oder -verfahren, bzw. die Notwendigkeit, diese neu zu entwickeln. Dies bewirkt letzten Endes einen massiven Druck auf die zuständigen Planungsabteilungen.
Die durch diese Entwicklung entstandene Situation bringt erhebliche Mehrbelastungen in der Planung, dokumentiert durch:

- schlecht kalkulierbare Risiken bei Entscheidungen,
- stark steigende Entwicklungskosten,
- Termindruck,
- hohe und lange Personalbindung an einzelne Projekte,
- nachträgliche Änderungen zum Ausmerzen von Fehlern.

Die Planung ist zum Engpaß geworden. Trotz des Rationalisierungsdrucks arbeitet dieser »Produktionsbereich« seit Jahren mit wenig veränderten Hilfsmitteln und Methoden.
Die technische EDV, speziell der Einsatz von CAD-/CAE-Systemen, bildet den Hauptbestandteil in einem Bündel von Maßnahmen, deren Ziel es ist, der Planung Hilfsmittel zur Verfügung zu stellen, die mittelfristig eine automatisierte Verwaltung von Daten, Mehrfachzugriff und Wiederverwendbarkeit von gespeicherten Teillösungen aus einer Datenbank ermöglichen. Um eine optimale Projektbearbeitung für ein Gesamtsystem zu erreichen, bedarf es heute einer systematischen Auswertung bestehender Anlagenkonstruktionen und der schnellen Nutzung dieser Informationen (technische und kaufmännische) für neu zu erstellende Produktionsanlagen.
Das wesentliche Merkmal einer Planungsstrategie ist, daß sie neben einer projektorientierten Planung noch eine entwicklungsgerichtete Planungszielsetzung enthält. Mit systemtheoretischen Mitteln (Projektorganisation, Systemanalyse, usw.) können die Gestaltung der jeweiligen Planungsaufgaben begonnen und die Anforderungen, Funktionen, Aufgaben, Eigenschaften gezielt ermittelt werden.
Bei der Auswahl der Integrationsmethoden von CAD- und Planungs- sowie Kontroll- und Informations-Systemen im Sinne einer »Organisation der Systemintegration« sollte unter dem Gesichtspunkt der bestmöglichen Effizienz eine Gesamtlösung angestrebt werden.
Beim Kaufentscheid und bei der Einführung eines CAD-Systems sind eine Vielzahl von Kriterien zu berücksichtigen. Entsprechend umfangreich präsentieren sich einem

verunsicherten Interessentenkreis ganze Bibliotheken von Fachliteratur, die aus der mittlerweile umfangreichen Palette der CAD-Anbieter dem künftigen Anwender die Auswahl des geeigneten Systems erleichtern sollen, aber meist nicht können.
Wesentliche Voraussetzung zur erfolgreichen Einführung von CAD/CAE ist eine sorgfältige Planung, die sich in mehrere Schritte unterteilt:

- Festlegung der Einführungsschritte,
- Systemanalyse des Einsatzbereichs,
- wirtschaftliche Bewertung des Projekts,
- technische Systembewertung,
- Systemauswahl,
- Systemeinführung.

Die interne Projektplanung sollte stets von einem Informationsaustausch mit externen CAD-/CAE-Anwendern ähnlicher Aufgabenstellung begleitet sein. Außerdem ist zur Kontrolle der innerbetrieblichen Analysen das Hinzuziehen seriöser externer Berater nützlich.
Die nachfolgenden Ausführungen zum Thema CAD-/CAE-Einsatz sind keine Zusammenfassung der bestehenden Literatur, sondern sollen u.a. Argumente einbringen, die aufgrund der Erfahrung mit CAD/CAE heute stärker als in der Vergangenheit für elektrotechnische Anwendungen zu bewerten sind.

2 Festlegung der Einführungsschritte

Die Planung von Anlagen ist ein komplexer Prozeß, an dem in der Hoechst AG Planungsabteilungen verschiedener Fachrichtungen, von der Bauplanung über die verfahrenstechnische Planung bis zur elektro-, meß- und regelungstechnischen Planung, beteiligt sind. Entsprechend vielfältig sind die Anforderungen an CAD-/CAE-Systeme. Es wurde deshalb zunächst unter Federführung der verfahrenstechnischen Anlagenplanung ein Arbeitskreis gebildet, dessen Aufgabenstellung die Auswahl des geeigneten Systems war. Eine Gesamtdarstellung der Vorgehensweise wäre zu umfangreich, weshalb sich die folgenden Ausführungen auf die Überlegungen der elektrotechnischen Planung beschränken.
Die Festlegung der Einführungsschritte für den Fachbereich Elektrotechnik zeigt **Bild 1**.

3 Analyse des geplanten Einsatzbereichs

3.1 Projektablaufanalyse

Die technische Planung und die damit verbundene Kontrolle der Planungsdaten müssen Bestandteil eines geschlossenen Systems der gesamtbetrieblichen Planung und Kontrolle sein. Der Arbeitsablauf bei der Planung technischer Anlagen läßt sich grob in drei große Abschnitte unterteilen:

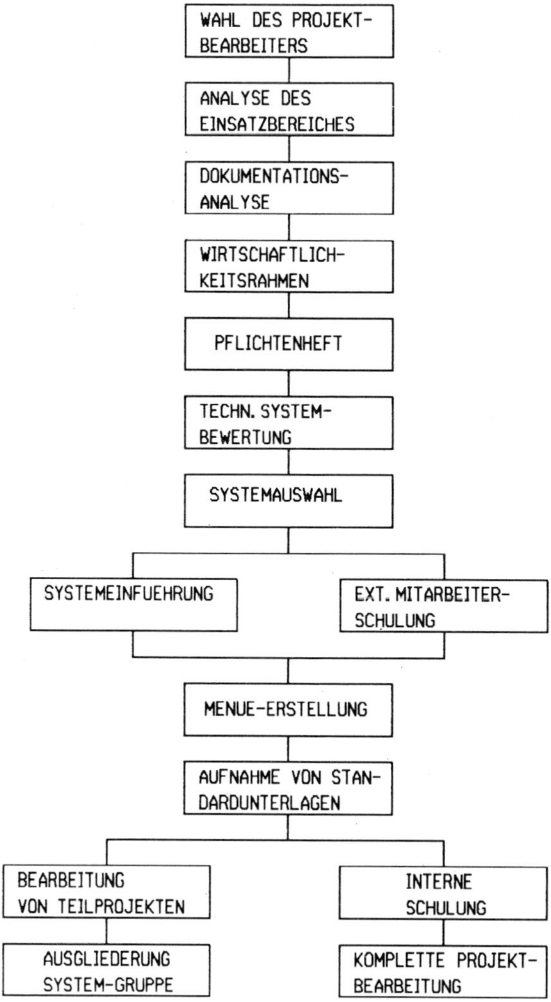

Bild 1 Einführungsschritte

- Vorplanung,
- Detailplanung,
- Ausführung.

Die Tätigkeitsbereiche für die Elektroplanung zeigt in einem groben Raster **Bild 2.**

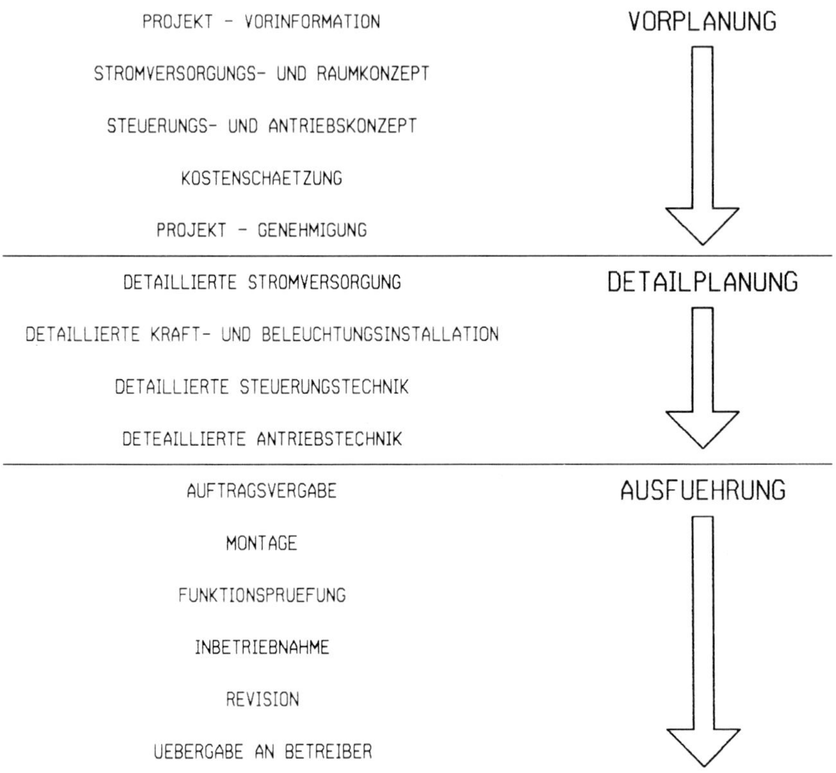

Bild 2 Vereinfachter zeitlicher Projektablauf

Für den Vorplanungsbereich ist eine Rechnerunterstützung nur sehr begrenzt möglich. Eine EDV-Unterstützung in diesem Bereich ist begrenzt auf die Schaffung von Textkonserven zur Beschreibung von Verfahren und zugehörigen elektrotechnischen Konzepten sowie auf die Anwendung von Einzelprogrammen, z. B. zur Kostenschätzung.

Im Abschnitt »Detailplanung« fallen die aufwendigsten Aktivitäten und ein erheblicher Dokumentationsaufwand an. Dieser Bereich sollte deshalb in Einzelaktivitäten zerlegt und hinsichtlich seines Rationalisierungspotentials für den CAD-/CAE-Einsatz genauestens untersucht werden. Das vereinfachte Ergebnis einer solchen innerbetrieblichen Untersuchung für den Bereich der Kraft- und Lichtinstallation zeigt z. B. **Bild 3.**

Aus dieser Darstellung gehen sowohl der Informationsfluß als auch die Art der zukünftigen EDV-technischen Bearbeitung hervor.

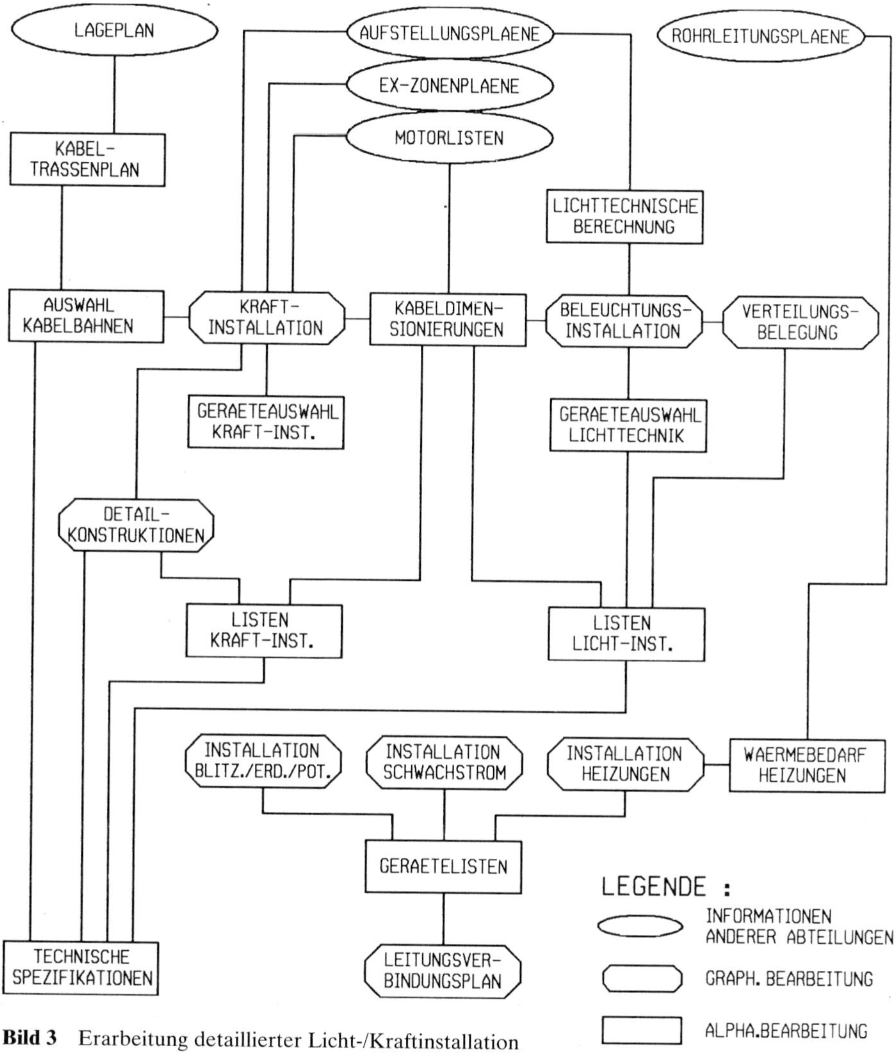

Bild 3 Erarbeitung detaillierter Licht-/Kraftinstallation

Ähnliche Darstellungen für Informationsfluß, Schnittstellen und Bearbeitungsschwerpunkte müssen für jeden Teilbereich ermittelt und anschließend hinsichtlich einer CAD-/CAE-Systementscheidung gewichtet werden. Die so entstandene Prioritätenliste legt, in Verbindung mit einer Dokumentationsanalyse, die Schwerpunkte der Leistungsfähigkeit des Systems innerhalb der Skala rein alphanumerisch bis rein grafisch fest.

3.2 Dokumentationsanalyse

Die herkömmliche Planung kennt eine Vielzahl verschiedener Hilfsmittel zur Erfassung und Darstellung der Daten im Rahmen der Bearbeitung von elektrotechnischen Projekten. Einige wichtige davon sind:

- technische Datenblätter,
- Funktionspläne,
- Klemmenpläne,
- Stromlaufpläne,
- Konstruktionszeichnungen (Ansichten, Schnitte),
- Gerätelisten,
- Aufstellungspläne,
- Texte (z. B. Projektbeschreibung).

In der konventionellen Planung erfüllen diese Dokumente die Aufgaben der Datenspeicherung und der Datenpräsentation für Planung, Montage und Betriebsbetreuung; sie sind also wichtigstes Hilfsmittel des Informationsaustauschs.
Den funktionalen Aufbau und Zusammenhang der Anlagenobjekte für den Bereich »Elektrische Energietechnik« zeigt **Bild 4.** Hauptgruppen oder Apparategruppen sind mit Kennzahlen bezeichnet und repräsentieren gerätetechnische bzw. funktionale Anlagenteilgruppen. Ein wichtiges Merkmal ist dieser Übersichtsdarstellung zu entnehmen:
Mehrere Funktionsträger, wie z. B. Hauptkraftverteilung (HKV), Kraftverteilung (KV) oder Lichtverteilung (LV), besitzen durch das mehrfache Vorhandensein die gleiche Funktion, d. h. in der manuellen Planung redundante Speicherung der gleichen Funktion. Eine detaillierte Darstellung aller Gruppen ist zu umfangreich; hier wird daher am Beispiel des aufwendigsten Teilbereichs (Niederspannungsanlagen) die weitere Vorgehensweise verdeutlicht.
Ausgehend von der Konstruktion, der zentralen Stelle des gesamten Informationsprozesses, wurde der Informationsinhalt der zu erstellenden Unterlagen für ein Projekt untersucht. Die Auswahl der Projekte war abhängig von den Gesichtspunkten Projektgröße und Bearbeitungstiefe.
Die *Projektgröße* wurde anhand der im Projekt vorkommenden Zahl der Antriebe klassifiziert; der Einfachheit halber wurde die Abstufung »kleine« bzw. »größere« gewählt. Eine feinere Einteilung ist nicht erforderlich, da die Auswertung eine repräsentative Aussage bezüglich der Gesamtzahl der Projekte ergibt und daraus abgeleitet Tendenzen von »klein« zu »groß« zeigen sollte.
Zur *Bearbeitungstiefe* ist zu erwähnen, daß innerhalb der Abwicklungs- oder Konstruktionsphase bestimmte Aufgabenteile, wie z. B. Kraft-, Lichtinstallation und Steuerungstechnik, relativ unabhängig voneinander bearbeitet und deshalb auch gut erfaßt werden können; daher wurden Projekte »mit bzw. ohne Steuerungsumfang« ausgewählt.

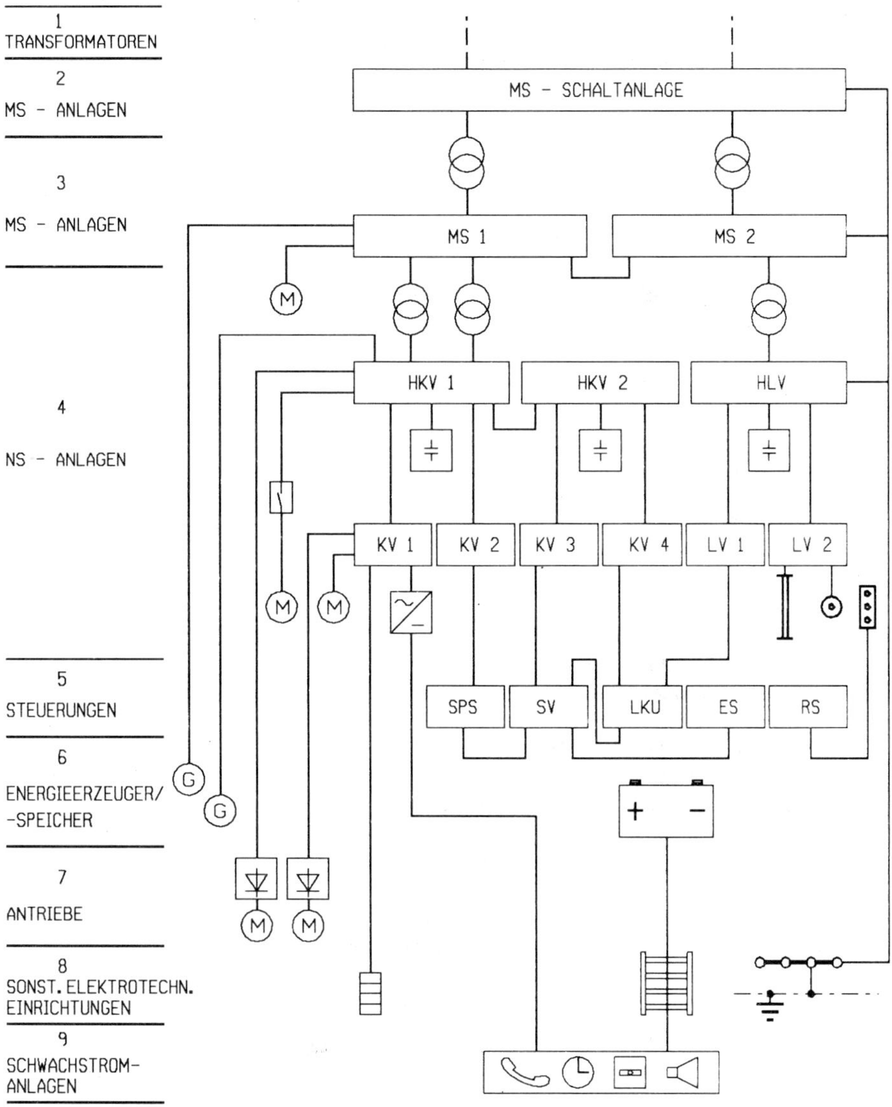

Bild 4 Darstellung der funktionalen elektrotechnischen Anlagengruppen

Untersucht wurden sechs schon abgeschlossene Projekte.

Projekte mit Steuerungsanteil:	140 Antriebe
	160 Antriebe
	30 Antriebe
Projekte ohne Steuerungsanteil:	90 Antriebe
	40 Antriebe
	90 Antriebe.

Diese sechs Projekte umfaßten jeweils eine spezifische Anzahl an Plänen und Listen, unabhängig von der Projektgröße, wobei insgesamt 137 verschiedene Typen von Plänen und Listen den Rahmen der gesamten Konstruktionsunterlagen bildeten. Um den Informationsprozeß rechnergestützt ausführen zu können, müssen die in den Unterlagen vorkommenden Daten- und Verarbeitungsobjekte klassifiziert und mengenmäßig erfaßt werden.

In **Bild 5** sind die unterschiedlichen Datenformen nach den drei möglichen Kriterien Entwurfstyp, Datentyp und Format klassifiziert.

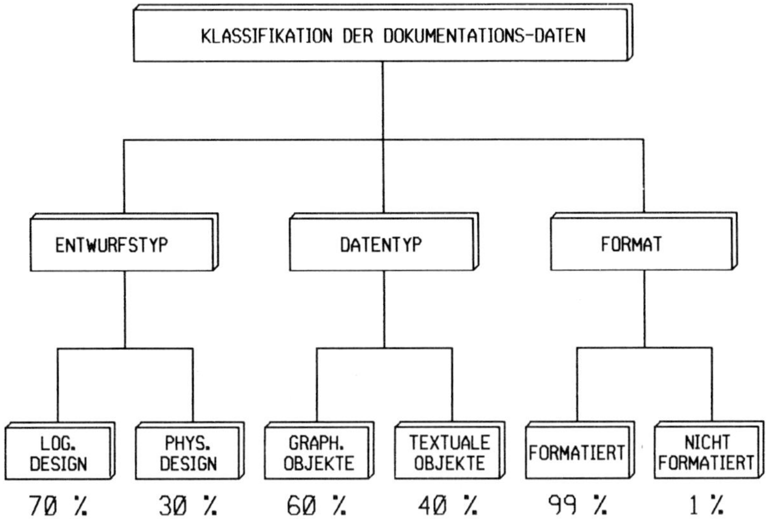

Bild 5 Klassifikation der Dokumentationsdaten

a) *Entwurfstyp*
Die Konstruktionsunterlagen wurden nach logischem (Stromlaufplan) und/oder physischem (Aufstellungsplan) Typ untersucht, eine Mischform der beiden Typen kam nur in einer Zeichnung vor und wurde deshalb vernachlässigt. Der Bewertung wurde das Merkmal »100 % logisch« oder »100 % physisch« zugrundegelegt.

b) *Datentyp*
Das zweite Klassifikationsmerkmal war der Datentyp, unterteilt in grafische und textuale Objekte. Die Unterlagen wurden nach der Anzahl der vorkommenden grafischen/textualen Elemente je Plan bzw. Liste untersucht, wobei die Verteilung zwischen 0 % und 100 % innerhalb einer Unterlage lag. Im einzelnen geschah dies durch Abzählen der Grundelemente im Plan; die Summe je Unterlage ergab 100 %.

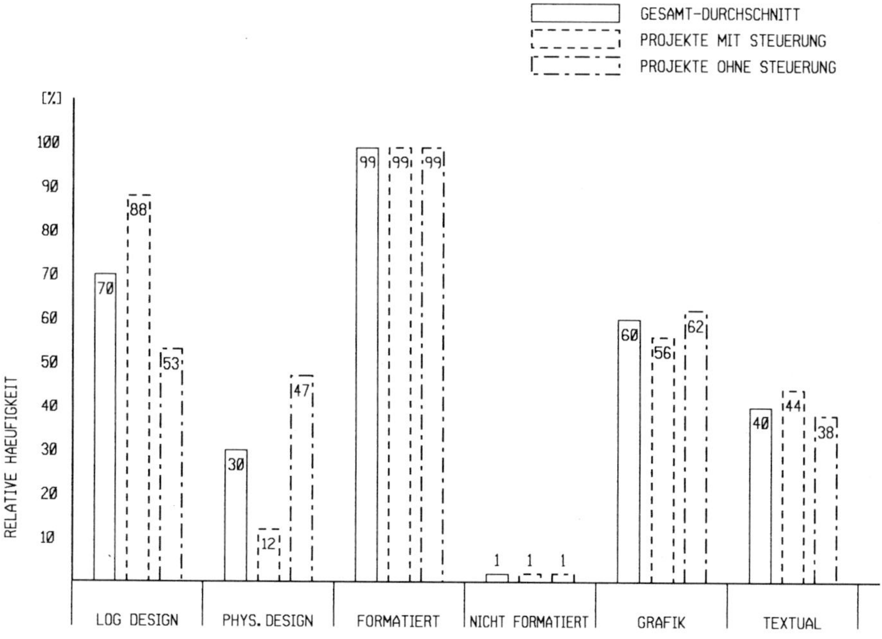

Bild 6 Relative Häufigkeit der Dokumentationsanteile

c) *Format*
Das dritte Merkmal für die Beschreibung der Datenform ist das Format. In der Bewertung der Unterlagen wurde nur unterschieden zwischen Typ »100% formatiert« und Typ »100% nicht formatiert«, eine Mischform trat in den untersuchten Unterlagen nicht auf.

Zur Auswertung wurden die errechneten Werte zu Gesamtdurchschnittszahlen zusammengefaßt. Dies ist im gleichen Bild 5 dargestellt. Daraus ist zu ersehen, daß das Verhältnis

logisch : physisch etwa 70% : 30%,
grafisch : textual etwa 60% : 40%

ist und der formatierte Anteil ca. 99% beträgt.

Eine detaillierte Darstellung des Sachverhalts zeigen die Diagramme in **Bild 6** (siehe Seite 19).

Das Ergebnis zeigt, daß für die Planung umfangreicher elektrischer Anlagen nur ein CAD-/CAE-System geeignet ist, das gleichermaßen alphanumerische und grafische Datenverarbeitung ermöglicht.

4 Wirtschaftliche Bewertung des Projekts

In den häufigsten Anwendungsfällen von CAD/CAE wird eine Wirtschaftlichkeitsrechnung erforderlich sein, hauptsächlich dann, wenn die bevorstehende Innovation als Rationalisierungsmaßnahme begründet wird.
Jede Wirtschaftlichkeitsbetrachtung basiert auf den Investitions- und den laufenden Kosten, d.h. auf dem Unterschied zwischen den Kosten des bisherigen Arbeitsablaufs und denen für den rechnerunterstützten Ablauf sowie auf den zusätzlichen Kosten bzw. Verbesserungen der Planungsqualität. Quantifizierung und Gewichtung der Verbesserungen liegen im Ermessen der Anwender, ebenso deren Berücksichtigung in der Wirtschaftlichkeitsbetrachtung.
Zunächst wird man ein überschlägiges Verfahren wählen, dessen Ergebnis anschließend mit Hilfe entsprechender betriebswirtschaftlicher Methoden überprüft wird.
Im vorliegenden Fall wurde die Berechnung nach dem Modell »Hoechster Spinne« durchgeführt.

4.1 Ermittlung der jährlichen Einsparung

Durch die Festlegung des Einsatzbereichs und die Dokumentationsanalyse ist das Potential der möglichen Einsparung festgelegt. Geht man davon aus, daß CAD-Systeme zunächst zum reinen Zeichnen eingesetzt werden, läßt sich die Produktivitätssteigerung verhältnismäßig einfach ermitteln. Zu diesem Zweck wird das Zeichnungsspektrum in Klassen eingeteilt; die Produktivitätssteigerung wird dann gemäß der prozentualen Verteilung auf die einzelnen Klassen als Mischwert ermittelt, **Bild 7.**

ZEICHNUNGSART	FAKTOR f	ANTEIL / %
ZEICHNUNGEN MIT GERINGEN KOPIERANTEILEN	1,5 - 2	
ZEICHNUNGEN MIT MITTLEREN UND HOHEN KOPIERANTEILEN	2 - 3	
ZEICHNUNGSERSTELLUNG MIT HOHEN MAKROANTEILEN	3 - 5	
VARIANTEN-TECHNIK	> 5	

Bild 7 Klassifizierung von Zeichnungen zur Abschätzung des Produktivitätsfaktors (nach Eigner/Maier)

4.2 Ermittlung der Investitionssumme

Prozentuale Jahreskosten der Investition, Abschreibung und Rückflußzeit bestimmen einen unternehmensspezifischen Faktor, der in Verbindung mit der ermittelten Einsparung die maximale zulässige Investitionssumme ergibt, **Bild 8.**

Sie errechnet sich gemäß dem linearen Zusammenhang:

Investition = unternehmensspezifischer Faktor × Einsparung.

Im wesentlichen ergeben sich drei Bereiche für die Investitionsentscheidung. Durch die Festlegung des sicheren Rationalisierungspotentials wird der »rechenbare Bereich« abgegrenzt.

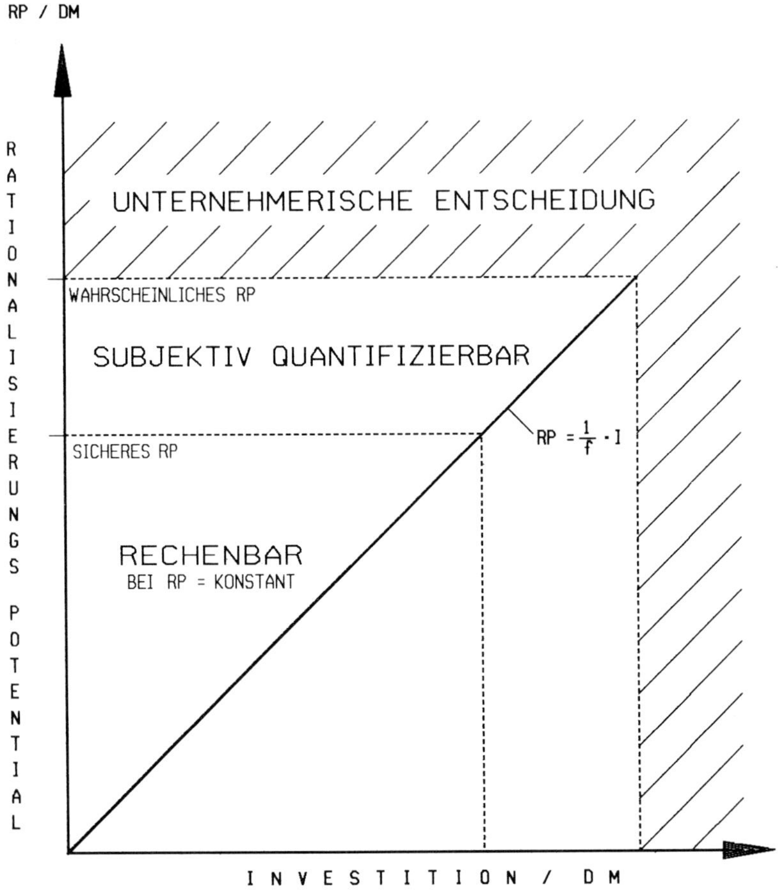

Bild 8 Zusammenhang zwischen Einsparung und Investition

Zusätzliche Verbesserungen (qualitativer Bereich), wie Erhöhung der Qualität der Konstruktionsunterlagen, Verringerung des Fehlerpotentials, Freisetzung von Kreativität durch Entlastung von Routinearbeiten usw., sind im voraus nicht quantifizierbar; ihre Abschätzung ergibt ein wahrscheinliches Rationalisierungspotential.
Entscheidungen darüber hinaus (unternehmerischer Bereich) sind strategischer Natur und gehören in den Bereich der unternehmerischen Entscheidung.
Als Abschluß der Wirtschaftlichkeitsbetrachtung zeigt **Bild 9** eine überschlägige Rechnung. Die betriebswirtschaftliche Überprüfung des Beispiels ergab eine Rückflußzeit von 4,9 Jahren.

A)	INVESTITIONSKOSTEN	TDM 1180
B)	EINSPARUNG PRO JAHR	TDM 518.5
C)	JAHRESKOSTEN DER INVESTITION	
	ABSCHREIBEUNG 20,0%	
	ALLGEMEINKOSTEN* 18.8%	
	SUMME 38.8%	TDM 458
D)	BEREICHSERGEBNIS B - C	TDM 60,5
E)	KALK. ZINSEN 6% VON A	TDM 71
F)	ERGEBNIS VOR ZINSEN UND STEUERN D + E	TDM 131,5
	INVESTITIONSRENDITE $\frac{F}{A} \times 100 = 11\%$	
G)	EFFEKTIVE ZINSEN 10% VON A	TDM 118
H)	JAHRESKOSTEN MIT ZINSEN C + G - E	TDM 505
I)	ERGEBNIS VOR STEUERN B - H	TDM 13,5
J)	ERTRAGSSTEUERN 63% VON I	TDM 8,5
K)	ERGEBNIS NACH STEUERN I - J	TDM 5
L)	ABSCHREIBUNG 20% VON A	TDM 236
M)	RUECKFLUSSBETRAG K + L	TDM 241

RUECKFLUSSZEIT $\frac{A}{M} = \frac{1180}{241}$ 4,9 JAHRE

* ZINSEN, STEUERN, WERKSGEMEINKOSTEN, REPARATUREN USW.

Bild 9 Überschlägige Wirtschaftlichkeitsrechnung

5 Technische Systembewertung

Nachdem nunmehr die Voraussetzungen für die Einführung eines CAD-/CAE-Systems positiv bewertet sind, ist das anzuschaffende System technisch zu bewerten und auszuwählen.

Die Bewertung sollte nach Hard- und Software getrennt erfolgen, da der Markt Hardware-abhängige (Turnkey-Systeme) und Hardware-unabhängige (Software-Systeme) anbietet. Hier soll aus Zeitgründen nur eine Kurzbewertung erfolgen.

5.1 Hardware

Entsprechend der im **Bild 10** gezeigten Struktur besteht ein CAD-System aus Eingabegeräten der Zentrale und den Ausgabegeräten.

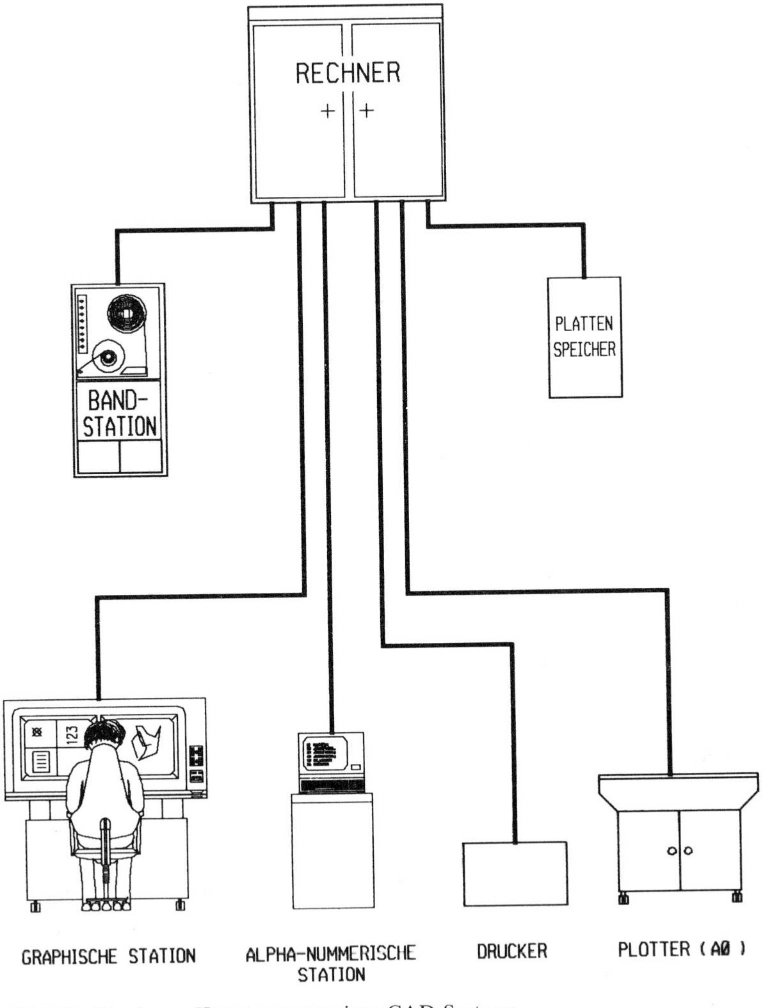

Bild 10 Hardware-Komponenten eines CAD-Systems

5.1.1 Eingabegeräte (Bildschirmarbeitsplätze, Terminals)

Hier haben sich die Systeme mit grafisch-interaktivem Arbeitsplatz und zusätzlichen alphanumerischen Terminals durchgesetzt. Benutzerfreundlich ist die Eingabe über Menüs, mittels Tasten oder Digitalisiermechanismen. Digitalisiersysteme sind vorteilhaft am Arbeitsplatz.

Rasterbildschirme setzten sich gegenüber den Speicherbildschirmen durch. Die Rasterbildtechnik bietet die Vorteile der dynamischen Abbildung und der Farbauswahl. Somit sind z. B. Elementmanipulationen ohne erneuten Bildaufbau sofort erkennbar.

Ein Doppelbildschirm ist für elektrotechnische Anwendungen nicht notwendig. In diesem Fall sollte die Software aber die Funktionsweise Übersicht–Detail–Übersicht innerhalb von wenigen Sekunden ermöglichen.

5.1.2 Ausgabegeräte

Plotter

Die Entscheidung zwischen Stiftplotter oder Elektrostaten hängt von der Menge der täglichen Plottanforderungen ab. Tatsache ist, daß der angenommene Bedarf vor der Einführung eines Systems unterschätzt wird. Eventuell kann der in der Anschaffung teurere Elektrostat doch der effizientere sein. Zumindest ist die Frage nach der Anschlußmöglichkeit eines solchen Plotters nicht ohne Bedeutung.

Eine Kombination von Stiftplotter und kleinem Hardcopy-Gerät (Bildschirmkopie) für sofortige, unmaßstäbliche Zeichnungsausgaben könnte eine Kompromißlösung aufzeigen.

Die übrigen Ausgabegeräte, wie Drucker und Hardcopy, sind in marktüblicher Qualität zu beschaffen.

5.1.3 Zentrale

Rechner

Zuerst steht hier die Frage nach dem geeigneten Rechner. Schon wegen des größeren Adressierbereichs ist der 32-bit-Computer zu bevorzugen. Zwar gibt es genügend Produkte, die mit besonderen Datenstrukturen oder Hilfsmitteln wie der Overlaytechnik (Ein- und Auslagern von Programmteilen zwischen Arbeits- und Massenspeicher) mit einem 16-bit-Personal-Computer noch ein interaktives Bearbeiten von Zeichnungen ermöglichen wollen, jedoch ist dann keinerlei Hintergrundverarbeitung (Datensicherung oder Plotten) möglich.

Speicher

Für umfangreiche Planungsaufgaben sollten mindestens zwei Plattenlaufwerke (100 MByte) bereitstehen, wobei eine Wechselplatte die lästige, aber notwendige Datensicherung wesentlich vereinfacht. Die langfristige Archivierung der Daten erfordert einen Magnetbandspeicher.

5.2 Software

Kein marktgängiges CAD-/CAE-System, ob nun Hardware-abhängig oder -unabhängig, bietet eine Software-Ausrüstung, die allen industriellen Anforderungen gerecht wird.
Der Markt bietet Software-Module entsprechend den allgemeinen Strukturen eines CAD-/CAE-Systems für:

- Eingabetechnik,
- mathematische Berechnungen,
- grafische und alphanumerische Datenverarbeitung,
- Datenmodelle und Datenhandhabung.

Bibliotheks- und Funktionsumfang entscheiden über die Leistungsfähigkeit des Systems. Die oben angegebenen Software-Module bilden die Zusammenhänge eines Basissystems, das zweckmäßigerweise durch eigene Anwendermodule entsprechend der eigenen Aufgabenstellung mit den gekauften Basisfunktionen arbeitet und den logischen Überbau des Systems bildet. Damit wird wesentlich die Leistungsausprägung bestimmt.
Die Verwendung von Software-Produkten für nur bestimmte Teile eines Planungsbereichs erfordert zumeist unangenehme und kostspielige Änderungen in der Projektbearbeitung, in der Dokumentationsausgabe oder – im Extremfall – sogar interne Umorganisationen. Im Vergleich zu den dann anstehenden Software-Eingriffen (wenn überhaupt möglich) erzielt das Umsetzen der eigenen Vorstellungen meist wesentlich bessere und auch kostengünstigere Rationalisierungseffekte.
Beim Kauf der Software sollten für elektrotechnische Anwendungen folgende Kriterien beachtet werden:

- einfache Bibliotheksfunktionen,
- tatsächliche Ebenentechnik,
- Variantentechnik mit Programmunterstützung,
- höhere Programmiersprachen,
- ein bewährtes Betriebssystem.

5.2.1 Einfache Bibliotheksfunktionen

Hierunter ist das Zusammenfassen beliebiger Elemente zu einem Term zu verstehen. Dieser ist in einer Zeichnungsbibliothek abgespeichert und von dort aus beliebig kopierbar. Wichtig ist, daß dieses Symbol nach dem Kopieren wieder in Einzelelemente auflösbar ist, um Abweichungen von Standardsymbolen durchführen zu können. Die Bibliothekszeichen stehen dem Benutzer in Form von Menüs zur Verfügung. Die Menütechnik auf einem separaten Tableau bewirkt eine klare Trennung zwischen Zeichnung und Zeichenvorrat.

5.2.2 Tatsächliche Ebenentechnik

Diese bietet Möglichkeiten wie die Kennung von Revisionsständen, Darstellung verschiedener Schaltzustände in Übersichtsplänen, Normumwandlungen oder überhaupt systematisches Zusammensetzen von Stromlaufplan-Details. Die unterschiedlichen

Ebenen (Anzahl > 100) müssen frei wählbar sein. Elemente ausgeblendeter Ebenen dürfen nicht manipulierbar sein. Diese eigentlich logische Schutzfunktion ist gerade bei einigen Kleinsystemen nicht erfüllt.

5.2.3 Variantentechnik mit Programmunterstützung
Für z. B. dialoggeführte Stromlaufplan- oder Verteilungserstellung müssen die Symbole aus den Bibliotheken in das grafische File hineinkopierbar sein. Gleichzeitig wird in Datenbanken der Zeichnungsinhalt protokolliert. Ähnliches gilt für Dateneinträge aus Berechnungsprogrammen in die Grafik.

5.2.4 Höhere Programmiersprachen
Schon aus diesen Gründen muß eine höhere Programmiersprache mit der Grafik-Software verknüpfbar sein. Auch ist an die Menge der technischen Programme innerhalb des Unternehmens zu denken, die kostenlos benutzbar sind und zumeist als FORTRAN-Programme existieren. Der FORTRAN-Compiler sollte deshalb zur Standardausrüstung zählen.

5.2.5 Ein bewährtes Betriebssystem
Gerade im Mehr-Benutzer-Verband ist durch gewählte Zuordnung von Prioritäten und Privilegien eine sehr gute interne Organisation zu erreichen. Das Betriebssystem verwirklicht, daß durch Hintergrundverarbeitung keine Beeinflussung der interaktiven Arbeiten stattfindet, daß Speicherplatz selektierbar ist und daß Zugriffszeiten geregelt werden. Die Datensicherheit ist durch den Einsatz eines bewährten Betriebssystems gewährleistet.

5.3 Testphase

Besondere Merkmale von CAD-Produkten bezüglich spezieller Techniken (Einsatz von Zusatzprozessoren, Simulationen oder Datenmodulation) und deren Auswirkungen auf die Leistungsfähigkeit des Gesamtsystems sind nicht in Vorführungen zu erfahren. Genauere Eindrücke gewinnt man bei der Durchführung eines Benchmark-Tests. Der Kaufentscheid jedoch sollte erst nach eingehender Testphase unter mehrtägigen Betriebsbedingungen fallen.

6 Systemeinführung

Das System wurde bei der Hoechst AG ziemlich unkonventionell eingeführt, sicherlich nicht beispielhaft, aber sehr effizient.

6.1 Bildung einer zweiköpfigen Einführungsgruppe

Diese Gruppe ist Bestandteil der anwendenden Planungsabteilung und besteht aus einem erfahrenen Planungsingenieur und einer Informatikerin für die Erstellung der eigenen Anwender-Software.

Der Planungsingenieur übernahm die Aufgabe, die Planungsabläufe bei der Dokumentationserstellung zu analysieren und durch Eingabe der verwendeten Standards (Klebebilder) das System so zu ertüchtigen, daß es zur elektronischen Zeichnungserstellung benutzbar wurde. Vergleichtests ergaben nach dreimonatiger Benutzung einen Bearbeitungsbeschleunigungsfaktor von 2,0. Die Wirtschaftlichkeitsberechnung setzte jedoch einen Beschleunigungsfaktor von 3,2 voraus.

6.2 Einführung der Variantenkonstruktion

Die Anwendung der Variantenkonstruktion, z.B. durch Ebenentechnik, bot sich bei all jenen Unterlagentypen an, die sich in einfacher Weise aus einer Grundvariante ableiten lassen. Hier ergab sich ein durchschnittlicher Beschleunigungsfaktor größer als vier, d.h., ein wirtschaftlicher Einsatz war sowohl bei der Neuerstellung von Zeichnungen als auch besonders bei der Änderung von vorhandenen Zeichnungen gegeben.

6.3 Einführung in die gesamte Konstruktion

Nachdem in der Testgruppe der »break-even«-Point erreicht war, wurden nach und nach alle Konstrukteure am CAD-System ausgebildet. Heute, drei Jahre nach dem Start, werden ca. 60% der Unterlagen am CAD-/CAE-System erstellt.

6.4 Interdisziplinäre technische EDV

Die restlichen 40% der Unterlagen erfordern eine rechnerinterne Übernahme der für die Elektrotechnik notwendigen Verfahrensdaten sowie der Lage-, Bau- und Aufstellungspläne.
Dieser Schritt und die Ausweitung der Anwendung auf die Meß- und Regelungstechnik ist z.Z. in Bearbeitung. Er erfordert eine Aufstockung der Systemgruppe auf mindestens fünf Personen, die zusammen mit der Systemgruppe der federführenden verfahrenstechnischen Anlagenplanung die notwendigen Versuchsprojekte durchführt.
Wir gehen davon aus, daß Ende 1986 die durchgehende interdisziplinäre Projektbearbeitung bei der Hoechst AG möglich ist. Bis zur generellen Anwendung bei allen Projekten dürften jedoch noch einige Jahre vergehen.

7 Schrifttum

[1] Abeln, Olaf: Stand und Tendenzen der Rechneranwendung in Entwicklung, Konstruktion und Fertigung der Elektronischen Industrie. CAD-Bericht Nr. 47, Karlsruhe, 1977
[2] Allen, Louis A.: The Management of Profession. New York, 1964
[3] Bechmann, G.; Vahrenkamp, R.; Wingert, B.: Mechanisierung geistiger Arbeit. Frankfurt a.M., 1979
[4] Becker, Robert: Der Wandel in der organisatorischen Gestaltung beim Einsatz von Informationstechnologien, 1980

[5] Blume, Peter: Datenbanksystem für CAD-Anwendungen. Karlsruhe, 1978
[6] Butz, H.-W.: Entwurfs- und Detailzeichnen mit Hilfe graphischer DV-Anlagen. Aachen, 1974
[7] Eigner, M.-Ch.; Maier, Helmut: Einführung und Anwendung von CAD-Systemen. 1982
[8] Encarnaçao, José: Systemtechnologische Aspekte von CAD-Systemen. In: Informatik-Fachberichte Nr. 11, Berlin, 1977
[9] Eversheim, W.; Wessel, H.-J.; Herold, J.: Anforderungen des Konstruktionsprozesses an den optimalen Einsatz von EDV-Systemen zur Rationalisierung im Konstruktionsbereich. Düsseldorf, 1980
[10] Grabowski, H.; Eigner, M.-Ch.; Kaiser, H.: Anforderungen an eine benutzerfreundliche Kommunikationsschnittstelle von CAD-Systemen. VDI-Z. 123 (1981) H. 1/2
[11] Grabowski, H.; Eigner, M.-Ch.: Anforderungen an CAD-Datenbanksysteme. VDI-Z. 121 (1979) H. 12
[12] Greindl, Axel: Datenhandhabung in CAD/CAM-Prozessen. Berlin; 1977
[13] Goldbecker, Heinz: Die betriebswirtschaftliche Bewertung von CAD-Systemen im Rahmen des Investitionsentscheidungsprozesses. Düsseldorf, 1979
[14] Kalscheuer, Hans D.: Die betriebliche Planung und Kontrolle mit EDV. Berlin, 1973
[15] Kernforschungszentrum Karlsruhe. Auswirkungen des Einsatzes informationsverarbeitender Technologien, untersucht am Beispiel von Verfahren des rechnergestützten Konstruierens und Fertigens. CAD-Bericht Nr. 114, Karlsruhe, 1978
[16] König, W.: Schnittstelle CAD/CAM zu betriebswirtschaftlichen Problemstellungen. Unveröffentlicht, Frankfurt a. M., 1982
[17] König, W.: Schnittstelle zwischen CAD und Datenbank. Unveröffentlicht, Frankfurt a. M., 1982
[18] Koldau, S.: Planung, Konstruktion und Abwicklung von Elektrischen Anlagen. Karlsruhe, 1979
[19] Krause, Frank-Lothar: Methoden zur Gestaltung von CAD-Systemen. Berlin, 1974
[20] Kreikebaum, Hartmut: Strategische Unternehmensplanung. Stuttgart, 1981
[21] Kühn, Michael: CAD und Arbeitssituation. In: Informatik-Fachberichte Nr. 32, Heidelberg, 1980
[22] Lang-Lendorff, G.: Mit der DV Konstruieren, Berechnen und Fertigen. In: VDI-Z. 121 (1979) H. 7
[23] Leinemann, Klaus: Rechnergestützte Anlagenplanung: Systemanalyse und Lösungsansätze für den EDV-Einsatz. Karlsruhe, 1980
[24] Maier, Helmut: Verwaltung von Methoden und ihre Kopplung an ein Werkstückmodell in einem integrierten CAD-System. Düsseldorf, 1982
[25] Niedereichholz, Joachim: Datenbanksysteme. Würzburg, 1981

Integration von CAD in die innerbetriebliche Informationsverarbeitung

Dr. rer. nat. *Erhard Schwall,* BBC AG, Mannheim

0 Zum Begriff CAD

CAD-Systeme (»Computer-aided design«-Systeme) sind EDV-Systeme, die den Konstrukteur im Maschinenbau, in der Elektrotechnik bzw. in der Elektronik – diesem Feld gelten schwerpunktweise die Aussagen dieses Beitrags – und auf anderen Ingenieurgebieten unterstützen.

Im Produkt-Lebens-Zyklus
- Spezifikation,
- Entwurf,
- Konstruktion,
- Fertigungsvorbereitung,
- Fertigung,
- Vertrieb

unterstützt also CAD weniger – wie die englische Bezeichnung »design« fälschlicherweise suggeriert – die Entwurfsphase als vielmehr die Phasen Konstruktion über Zeichnungserstellung bis hin zur Dokumentation.

1 Zur Situation: CAD-Systeme im Unternehmen

Die heutige Situation hinsichtlich der CAD-Systeme ist geprägt durch die Ablösung der bestehenden »Turn-key«-Systeme als Insellösung durch integrierte Abwicklungssysteme.
Die konventionellen Systeme kennzeichnen teure Spezialhardware (Numerik-Prozessoren, Grafik-Schirme, Plotter) und in sich geschlossene Software. Die erforderliche Datenhaltung geschieht im allgemeinen firmenneutral, unflexibel und strukturell nicht erweiterbar, oft in für den Anwender nicht zugänglichen File-Lösungen.
Die zugehörige Hardware ist oft gar nicht, gelegentlich über Magnetbänder mit der Außenwelt koppelbar.
Heute hat sich – insbesondere in größeren Unternehmen, die schon seit Jahren solche »Stand-alone«-CAD-Lösungen verwenden – die Überzeugung gefestigt, daß die von den CAD-Investitionen erwarteten wirtschaftlichen Resultate erst bei einer integrierten, über alle Phasen der Produktentwicklung, -konstruktion und -fertigung reichenden Unterstützung eintreten.
Dies war auch die zentrale Aussage der CAMP-83-Konferenz [1]. Sie findet sich in dem leider oft mißbrauchten Schlagwort CIM (Computer-integrated manufacturing) wieder.

2 CAD-Systeme als Insellösung

2.1 CAD-Funktionen und Hardware

CAD-Systeme für Elektrotechnik bzw. Elektronik haben drei Funktions-Säulen:
- Schema-Eingabe und -Pflege,
- Plazierung der Komponenten (Placement),
- Verlegung der Verbindungen (Routing).

Seit einigen Jahren sind diese Systeme durch sogenannte Postprozessoren zu CAD/CAM-Systemen erweitert worden. Diese leisten zusätzlich die Erzeugung von Fertigungsunterlagen wie
- Bohrlochschablonen,
- Fotomasken,
- Stücklisten,
- Prüfunterlagen.

Dabei hat sich die System-Qualität ständig erhöht: Hinsichtlich der Mensch-Maschine-Kommunikation sind folgende Schritte bemerkenswert:
- vom Vektor-Refresh-Schirm zum hochauflösenden Raster-Scan-Schirm,
- von Schwarz/Weiß- zur Vielfarben-Darstellung,
- vom Mehrschirmbetrieb (für Text und Grafik) zur Fenstertechnik an einem Bitmap-Schirm,
- von der Kommandoeingabe über Lichtgriffel oder Digitalisierblatt zur Maustechnik oder sogenannten »Soft Keys«.

Bei diesen Verbesserungen wurden die Ergebnisse der Hardware- oder Software-Entwicklung in einem solchen Tempo an den Kunden weitergegeben, daß sich bei einem Konkurrenzvergleich binnen kurzer Zeit jeweils dramatische Verschiebungen ergaben (»Hase und Igel« mit verteilten Rollen).
Zugleich sind die internen Algorithmen deutlich verbessert worden. Bei vielen Systemen endet der Routing-Algorithmus mit einem gewissen Teilresultat. Die verbleibenden, noch zu verlegenden Bahnen müssen manuell verlegt werden, was bei dem durch den Rechner erreichten Zwischenstand oft sehr schwierig, teilweise unmöglich ist. Hier gibt es nun auf der Basis neuer sophistischer Verfahren sogenannte 100-%-Router, die in jedem Fall maschinell zu einem vollständigen Ergebnis kommen.
Zugleich bewältigen die verbesserten Systeme immer kleinere Geometrien hinsichtlich der Bahnabstände und der Bahnebenen (Schichten, Multi-Layer). Ferner werden neue Technologien und Strukturen (z. B. Busse) beherrscht.
Durch die Hardware wird der Trend zur isolierten CAD-Station oft bestärkt: Spezielle Hardware, wie rechenbeschleunigende Parallelprozessoren und Grafikprozessoren, besitzen oft keine Standardschnittstellen, um mit anderen Rechnern gekoppelt zu werden. Hier wird selbst eine einfache Kopplung, wie etwa über die 2780/3780-BSC-Prozedur von IBM, zu einem technischen und wirtschaftlichen Abenteuer, das intern bestanden werden muß, weil die Hersteller dies nicht unterstützen.

Die heute vielerorts, insbesondere im Mittelstand eingeführten Low-Cost-CAD-Systeme auf PC-Basis verstärken den Trend zur Einzelstation, weil die Vernetzung der gängigen PC's (etwa IBM-PC) noch lange nicht Standard sein wird.

2.2 Wirtschaftlichkeit

Wie jede Investition erfordert die Beschaffung und Inbetriebnahme eines CAD-Systems eine sorgfältige Wirtschaftlichkeitsrechnung. Im Betrieb muß diese ständig verifiziert werden.
Zunächst sind die Perspektiven bestechend:
Es gibt zahlreiche Untersuchungen, die die Produktivitätssteigerung der Zeichen- und Konstruktionsarbeit mit CAD gegenüber manuellen Zeichen- und Klebetechniken nachweisen. Die Zahlen schwanken je nach Komplexität der Aufgabe zwischen 40% und 120%, sie steigen noch mit dem Anteil der Pflegearbeit an bestehenden Zeichnungen und Konstruktionen. Hinzu kommen die nur qualitativ erfaßbaren und bewertbaren Elemente wie

- Dokumentationsqualität,
- Beachtung von Konstruktionsvorschriften,
- Personenunabhängigkeit.

Warum bringen viele CAD-Systeme dennoch nicht den erwarteten wirtschaftlichen Erfolg?
Zunächst werden die Einführungs- und Ausbildungskosten unterschätzt. Dies gilt insbesondere hinsichtlich der Dauer, nach der ein Konstrukteur wirklich routiniert mit einem System arbeiten kann.
Danach stellt sich oft heraus, daß nur ein geringer Anteil am Produktspektrum (oft nur 30%) ganzheitlich innerhalb des CAD-Systems bearbeitet werden kann. Hier zeigen sich die Schwierigkeiten etwa bei der Behandlung von speziellen Baugruppen, wie Stromversorgungen, hybride Schaltungen oder Hochfrequenzteile. Dies scheitert letztlich an den Restriktionen jedes noch so guten CAD-Systems.
Der wohl gewichtigste Kostenfaktor beim CAD-System ist die Pflege der erforderlichen Datenbasis. Der Aufbau und die ständige Fortschreibung der Komponenten-Stammdaten ist eine zentrale Aufgabe beim Betrieb eines CAD-Systems. Dabei fällt weniger die unmittelbare Dateneingabe und -modifikation als vielmehr die Bereitstellung zuverlässiger, unternehmensweit gültiger Daten ins Gewicht. Diese Aufgabe ist um so kostspieliger, je weniger die Datenbasis des CAD-Systems durch die anderen Funktionen des Unternehmens (etwa CAD-Systeme anderer Hersteller oder an anderen Standorten) genutzt werden kann. Je singulärer dieser Aufwand betrieben wird, um so mehr ist der wirtschaftliche Erfolg des »Unternehmens CAD« gefährdet.
Bei fehlender datenmäßiger Integration von CAD in den Gesamtablauf gibt es zudem einen beträchtlichen Aufwand für die korrekte Übertragung der CAD-Ergebnisse auf andere Systeme. Neben der Gefahr schwerwiegender Fehler schmälert dieser Aufwand das wirtschaftlichere Ergebnis des CAD-Einsatzes weiter.

3 Schnittstellen zu anderen Hauptfunktionen des Betriebs

3.1 Einordnung von CAD in die innerbetriebliche Informationsverarbeitung

Jeder Betrieb ist anders, jeder hat seine spezifische Prägung, seine spezifischen Bezeichnungen. Dennoch gibt es in den letzten Jahren Versuche, Klarheit über allgemeine Strukturen (Funktionen und Datenflüsse) der innerbetrieblichen Informationsverarbeitung zu gewinnen. Mit dem »Atlas der innerbetrieblichen Informationsverarbeitung« (AIIV) [2] des ZVEI gibt es die Chance, die unternehmensspezifische Situation auf eine generelle Struktur abzubilden und damit von den allgemein gültigen Lösungen zu profitieren.

Die unternehmensspezifische Varianz wird dabei im wesentlichen über den *Betriebstyp* abgefangen:

Betriebstyp S – serielle Fertigung
Dies sind Betriebe, die Produkte ab Lager verkaufen. Kundenspezifische Anpassungen der Produkte werden nur bei ganzen Serien durchgeführt.

Betriebstyp SA – serielle Fertigung mit Anpassung
Nur wenig vom Typ S abweichend, werden hier geringfügige Anpassungen an Kundenwünsche auch am Einzelprodukt erforderlich.

Betriebstyp BS – serielle Baukastenfertigung
Hier werden die Endprodukte gemäß Kundenwunsch in großer Vielfalt aus lagermäßigen (nicht kundenspezifischen) Baugruppen und Teilen *montiert.*

Betriebstyp BA – Baukastenfertigung mit Anpassung
Abweichend vom Typ BS sind die Baugruppen hier bereits Kundenanpassungen unterworfen.

Betriebstyp E – Einzelfertigung
Wichtigstes Merkmal ist hier, daß im Regelfall erst auf Kundenauftrag hin eine dem Kundenwunsch angepaßte Ausführung (manchmal auch mehr als eine) gefertigt wird.

Natürlich treten diese Betriebstypen selten reinrassig auf, insgesamt läßt sich aber ein Trend zu immer stärkerer Beachtung des Kundenwunsches – weg von der Großserie, hin zur Einzelfertigung – beobachten.
CAD wird im Produkt-Lebens-Zyklus mindestens zweimal eingesetzt: bei der Angebots- und bei der Auftragsabwicklung. Beide Einsatzfälle für das gleiche Produkt sind von verschiedener Eindringtiefe gekennzeichnet; der Angebotsfall sollte aber (ggf. modifiziert) Ausgangspunkt für den Auftragsfall sein.

Diese Varianz wird durch die Beachtung der vier Abläufe in AIIV berücksichtigt:

- Angebote bearbeiten,
- Kundenauftrag bearbeiten,
- Entwicklungsauftrag,
- Betriebsauftrag.

Der AIIV strukturiert die Funktionen in die Ebenen:

- Funktions-Kapitel,
- Funktions-Blöcke,
- Funktionen,
- Teilfunktionen.

Entsprechend lassen sich auf den verschiedenen Ebenen die zugehörigen Informationsverbindungen betrachten. Dabei legt die Betrachtungsebene den Detaillierungsgrad fest.

CAD-Systeme erledigen nun Aufgaben aus dem Funktions-Kapitel

- T – Technik und Produktion,

aus dessen Funktions-Block

- E – Entwicklung: Produkt festlegen

und darin wiederum die Funktionen

- T–EK Technische Lösung konzipieren (frühere Entwürfe heranziehen),
- T–EE Technische Lösung entwerfen und freigeben (Entwürfe zeichnen),
- T–EZ Baugruppenzeichnung erstellen (Baugruppenzeichnungen und -stücklisten erstellen),
- T–EL Stückliste erstellen,
- T–ED Detailzeichnung erstellen,
- T–EA Normen anwenden,
- T–EI Entwicklungsinformation erfassen und verwalten,
- T–EV Zeichnungen und technische Anweisungen verwalten.

CAD-Systeme decken diese Funktionen mehr oder minder ab. Dazu gibt es die entsprechenden Informationsflüsse. Fehlt diese Abdeckung, so gibt es zwischen dieser Funktion und dem CAD-System ebenso Schnittstellen wie zwischen CAD und den restlichen E-Funktionen:

- Entwicklung planen;
- Entwicklung steuern;
- Berechnung durchführen, Normen, Standards erstellen;
- Muster erproben, Versuche durchführen;
- Qualität planen;
- Zuverlässigkeit schätzen, sichern;

- Sicherheitsanalysen erstellen;
- Fertigungsfreigabe;
- Änderungsverfahren festlegen.

Die wichtigsten Intra-E-Verbindungen außerhalb des CAD-Systems sind
- Gültige Entwürfe, Berechnungen, Vesuchsergebnisse,
- Vorgabe am Entwurf,
- Rückmeldungen.

Diese werden bei CAD als Insellösung im Rahmen organisatorischer, informeller Verfahren abgedeckt.

Für die Gesamtintegration sind die Inter-Funktions-Block/Kapitel-Verbindungen von zentraler Bedeutung. Der AIIV kennt innerhalb des Kapitels T neben dem Block E die Blöcke
- P Projektierung: Leistungsumfang festlegen,
- F Produktion planen und steuern,
- I Inventar planen und erhalten,
- Q Qualität übergreifend sichern,
- K Patente: Know-how sichern,

ferner neben T die Kapitel
- S Strategie,
- L Innerbetriebliche Logistik,
- F Finanzmittel.

Die Verbindungen von CAD hierzu sind stark betriebstyp-abhängig. Die wichtigsten sind:
- Zeichnungen und technische Anweisungen,
- Konstruktions-Stücklisten,
- Rückmeldungen aus Fertigung,
- Daten für vor- und mitlaufende Kalkulation.

Die Verbindungen zwischen den Blöcken E und F sind besonders wichtig. Neuartig sind Rückmeldungen aus dem Block F in das CAD-System (back annotation) bzw. in dessen Daten. Die Erzeugung bereits *fertigungsgerechter* Konstruktionen auf der Basis dieser Rückmeldungen ist ein entscheidendes Motiv für die CAD-Integration.

3.2 Schnittstellen-Typen

Der betrachtete Informationsfluß läßt sich im wesentlichen in drei Klassen einteilen: Analog der klassischen Informationsverarbeitung auf Papierbasis,
- Belegfluß (gesammelt oder einzeln),
- Belegablage,
- Recherche,

gibt es in der EDV die Betriebsarten

- File-Transfer (Austausch von Dateien) bzw. Task-to-Task-Kommunikation (Austausch einzelner Datensätze),
- Langfristige Ablage in Zwischenspeichern (Datenbanken),
- Information-Retrieval im Dialogzugriff auf Datenbanken oder Files.

Eine adäquate EDV-Landschaft muß diese Betriebsarten unterstützen.

4 Probleme bei der Integration

Das größte Problem hinsichtlich der Integration rührt aus dem Umstand, daß eine EDV-Landschaft im Gegensatz zu den idealtypischen Annahmen nicht auf einmal ausgewählt und beschafft wird, sondern über die Jahre schrittweise und inhomogen wächst. Dabei kommen dann Rechner der verschiedensten Hersteller in das Unternehmen, ohne auf die Koppelbarkeit oder zumindest Austauschbarkeit von Daten über Datenträger zu achten.

Diesem Umstand wird – insbesondere vom Branchengrößten IBM vorgetragen – mit den Argumenten »Alles aus einer Hand« und »Zentralismus in der EDV« Rechnung getragen.

Aber insbesondere im technischen und prozeßnahen Bereich suchen manche Anbieter erst den Anschluß an den derzeitigen Stand der Technik; die Zweckmäßigkeit und die Kostenvorteile der anderen Angebote führen jedoch zu einer heterogenen EDV-Landschaft.

Hinsichtlich der Datenhaltung wird oft Redundanzfreiheit propagiert. Redundanz birgt die Gefahr der Inkonsistenz oder Ungültigkeit der Daten in sich. Diese Gefahr darf nicht übersehen werden, aber sie darf nicht zum alleinigen Maßstab des Handelns werden. Die ebenso geforderte Verfügbarkeit von Daten ist erst in einem verteilten System hinreichend sicher gegeben. Verteilung bringt zwar Redundanzen mit sich, macht aber den CAD-Arbeitsplatz oder die fertigungsnahe EDV unabhängig von den Betriebszeiten oder Wartungsintervallen des zentralen Rechenzentrums.

CAD ist über das Produktspektrum hinweg zu integrieren. Die notwendige Spezialisierung der CAD-Systeme auf

- Leiterplattenentwurf (PCB),
- Gate-Array-Schaltungen,
- LSI/VLSI

und innerhalb der PCB's auf digitale, analoge und hybride Geräte macht für die gesamte Unterstützung der Konstruktionsarbeit mehrere CAD-Systeme (ggf. sogar von verschiedenen Herstellern) nötig.

Schließlich bringt die räumliche Verteilung von Entwicklungs- und Fertigungsstätten (oft über viele hundert Kilometer hinweg) das Problem, über große Entfernungen große Datenmengen hinreichend schnell und zugleich kostengünstig zu transportieren.

5 Systemtechnische Integrationsansätze

Heute ist unbestritten, daß Informationen über ein Unternehmen, insbesondere über seine Produkte, ebenso wichtig für dieses sind wie der Faktor Zeit oder sonstige finanzielle oder materielle Güter. Daher kommt der Datenhaltung im Unternehmen zentrale Bedeutung zu. Entscheidend für die Integrationsfähigkeit sind weniger die jeweiligen Datenformate als vielmehr die unternehmensweit gültige Festlegung der Semantik der Daten und ihrer strukturellen Abhängigkeit, kurz: die Definition *kanonischer Datenstrukturen* [3].

Es gilt, die Realität vollständig und allgemeingültig auf eine konzeptionelle, also hardware-unabhängige und anwendungsprogramm-neutrale Ebene abzubilden. Nach dem ANSI-Modell **(Bild 1)** soll es in einem Datenbank-System eine konzeptionelle, eine externe und eine interne Ebene geben. Auf der *externen* Ebene werden die verschiedenen Sichten der Benutzer (im Dialog oder per Programm) auf die Daten festgelegt. Auf der *internen* Ebene wird die Ablage der Daten auf die externen Speicher beschrieben. Die Bedeutung der *konzeptionellen Ebene* als zentraler und stabiler Bezugspunkt ist evident, zumal diese Datenstrukturen einer kontinuierlichen Anpassung an geänderte Bedürfnisse, Realitäten oder Technologien ausgesetzt sind.

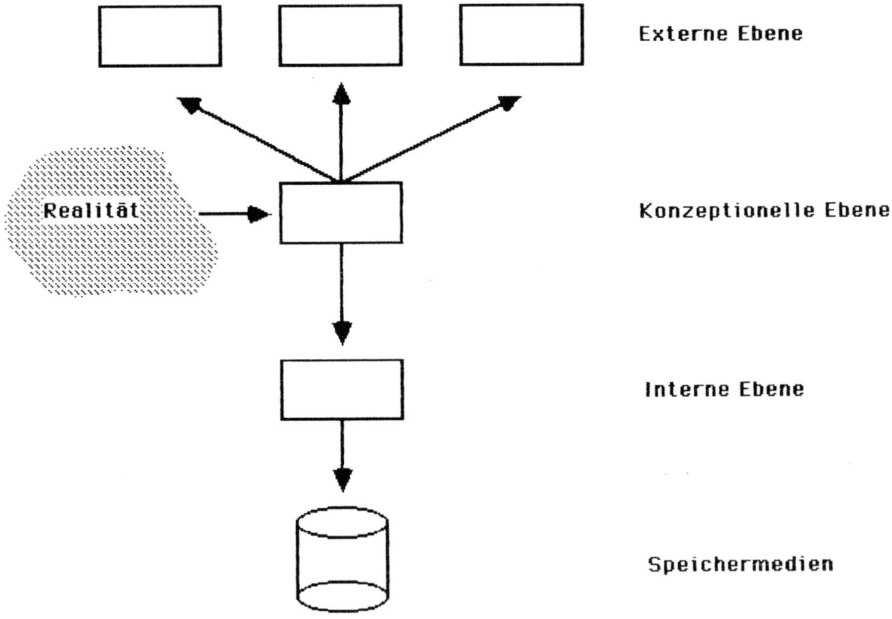

Bild 1 Architektur von DB-Systemen nach ANSI

Die Verwendung eines *Datenbank-Systems* sichert die erforderliche Stabilität der Programme bei Datenänderungen (Datenunabhängigkeit) und erlaubt zugleich die erforderlichen Freiheitsgrade bei der Definition der Datenstrukturen, ohne auf die Programmstrukturen achten zu müssen.

Derzeit sind drei Datenbankmodelle verfügbar:
- hierarchisch,
- relational,
- Netzwerk-strukturiert.

In allen Modellen können die Daten geeignet abgelegt werden. Wegen seiner Benutzerfreundlichkeit und Einfachheit wird (zumindest für die konzeptionelle Ebene) das Relationsmodell präferiert; es erlaubt, durch die sogenannte CODDschen Normalformen flexible, konsistente Datenmodelle zu entwerfen.
Die Dateninhalte selbst müssen unternehmensweit genormt werden. Stammdaten sind zentral und sorgfältig geprüft einzugeben und bei Bedarf zu verteilen. Für gewisse geometrische Daten gibt es Standardformate: IGES ist ein solcher Standard, der sich aber bisher nicht ausreichend durchgesetzt hat. Auf einer solchen Basis können dann frei austauschbare Schaltungsbeschreibungsformate festgelegt werden.
Die Durchsetzung der kanonischen Datenstrukturen über Abteilungs- und Kostenstellengrenzen hinweg bedarf viel Zeit. Zugleich aber müssen die bestehenden CAD Systeme in den betrieblichen Ablauf eingebunden werden. Hier ist die Softwaretechnologie *»Brückenprogramme«* zweckmäßig **(Bild 2)**. Dazu schreibt man Entlade-Programme, die die diversen Datenformate und -strukturen in ein *Standard-Format* abbilden; ein allgemeines Brückenprogramm transformiert die Daten aus diesem Format in ein (anderes) Standardformat, von wo aus geeignete Lade-Programme wiederum die einzelnen Zielformate generieren.

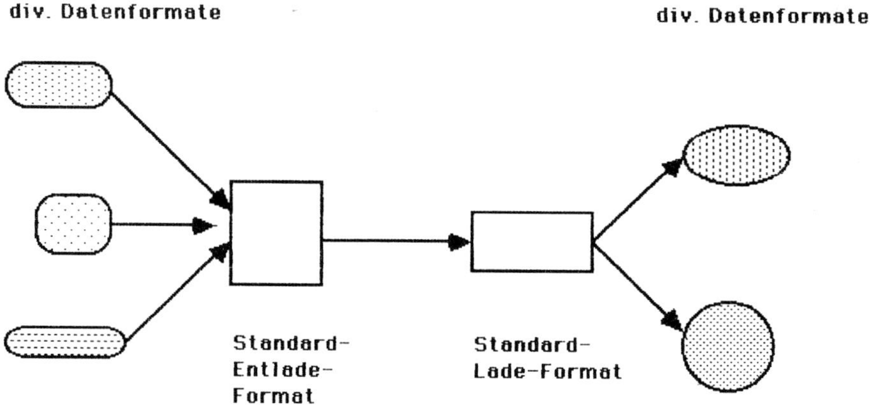

Bild 2 Konzept der Brückenprogramme

Neben der Datenhaltung ist die Daten-Kommunikation die zweite (gleichwichtige) Aufgabe bei der Integration von CAD in die betriebliche Informationsverarbeitung. Die möglichen Kommunikationsarten kann man wie folgt klassifizieren:

- *Programm-zu-Programm-Kommunikation*
  Kooperierende Programme auf verschiedenen Rechnern, unter verschiedenen Betriebssystemen laufend und in verschiedenen Programmiersprachen codiert, tauschen Daten aus.

- *Entfernter Datei- und Satz-Zugriff*
  Programme und interaktive Benutzer können auf Dateien, die auf einem anderen Rechner liegen, zugreifen und diese manipulieren. Dienstprogramme erlauben den Transfer von ganzen Dateien zwischen zwei Rechnern. Kommando-Prozeduren können auf fremden Rechnern ausgeführt werden.

- *Terminal-zu-Terminal-Kommunikation*
  Etwa im Rahmen von Bürokommunikations-Systemen können Nachrichten zwischen Terminals an verschiedenen Rechnern transferiert werden (Mail und Phone).

- *Virtuelles Terminal*
  Über das Rechner-Netz kann man sich von einem lokalen Terminal aus für ein entferntes System anmelden und danach arbeiten, als wäre man dort direkt angeschlossen.

- *Netzwerk-Management*

- *Downline load und upline dump*
  Laden von Betriebssystemen und Analysieren von Systemzuständen von einem entfernten Rechner aus

Alle diese Funktionen können bei einer Integration eingesetzt werden. Die *Beschränkung* auf die lose Kopplung von Programmen über *File-Transfer* ist zwar manchmal schmerzhaft, bedingt zum Teil einen aufwendigen Orgware-Overhead, sichert aber die Modifizierbarkeit einzelner Moduln der innerbetrieblichen Informationsverarbeitung ohne unnötige Seiteneffekte auf andere Moduln.

6 Zweckmäßige Hardware- und Software-Strukturen

Verfügbarkeit und Ausfallsicherheit führen zu *verteilten Systemen* in Hardware und Software.
In der *Hardware* gibt es für große Entfernungen (über 2 km) mit WAN's (wide area networks) und für räumlich nahe Verknüpfungen mit LAN's (local area networks) geeignete Strukturen der Verteilung.

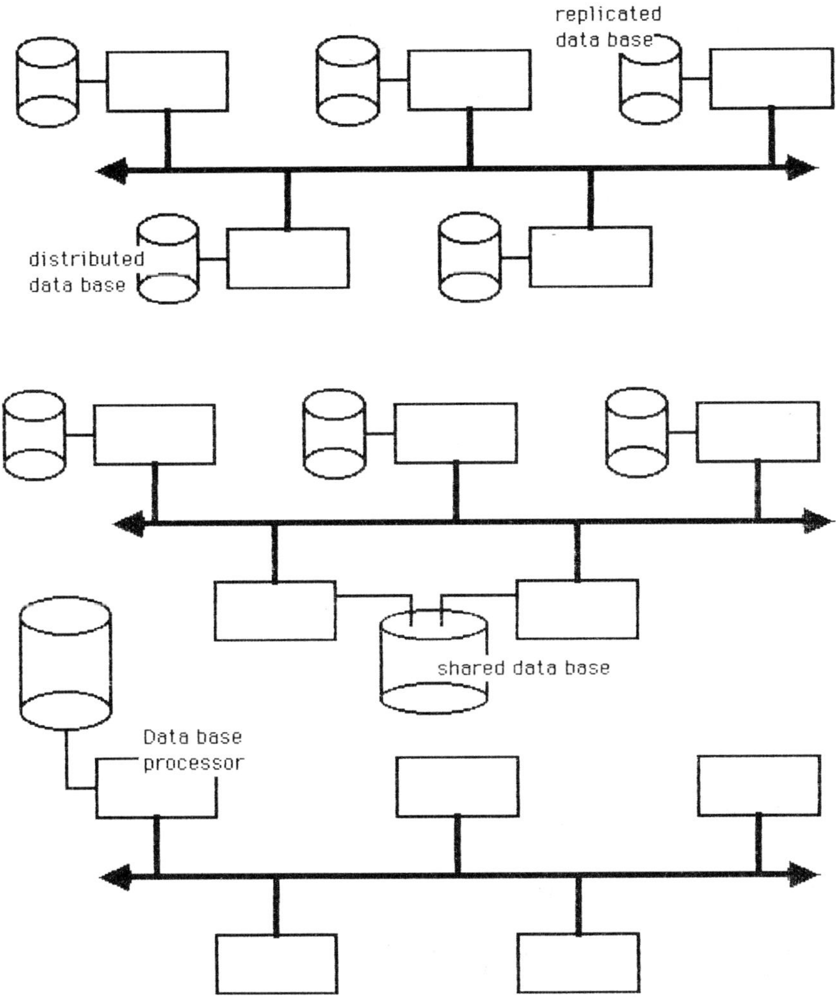

Bild 3 Verteilte Hardware- und Software-Strukturen

Als *lokales Netz* ist ETHERNET bereits zum Industriestandard geworden (DEC, HP, XEROX, SIEMENS u. a.). Zugleich zeichnet sich durch Normierung der Protokolle des ISO-7-Schichten-Modells unter dem Zeichen MAP (manufacturing automation protocol, initiiert von General Motors) am Horizont die Möglichkeit ab, Rechner aller wichtigen Hersteller in einem Netzwerk verknüpfen zu können.
Für den Fernbereich stehen mit DATEX-P und DATEX-L zwei Kommunikationsdienste der Post zur Rechnerkopplung eines heterogenen Netzes zur Verfügung.
Wichtiger als die niederen Kommunikationsprotokolle sind die zugehörigen Software-Schichten. Ein Rechnernetz für die innerbetriebliche DV sollte nicht hierarchisch, sondern zweckmäßig symmetrisch zwischen gleichrangigen Knotenrechnern aufgebaut sein (vgl. etwa DECnet von DIGITAL EQUIPMENT).
In der Software, insbesondere in der *Datenbank-Technik,* ist der Stand der Technik noch nicht soweit fortgeschritten. Es fehlen einsatzfähige Produkte für die verteilte Datenhaltung.
So bleibt es bis auf wenige Ausnahmen (TANDEM, HP) den Unternehmen selbst überlassen, geeignete Lösungen zu realisieren: Dabei gibt es auf der konzeptionellen Basis der

- gemeinsamen zentralen Datenhaltung
  (shared data base),
- verteilten, disjunkten Datenhaltung
  (distributed data base),
- verteilten, redundaten Datenhaltung
  (replicated data base),
- speziellen Datenbank-Maschinen
  (data base processor)

beliebige geeignete Mischformen, wie sie **Bild 3** (siehe Seite 41) zeigt.

7 Systeme und Produkte am Markt

Im Laufe der letzten Jahre haben die CAD-Anbieter die Problematik der Insellösungen erkannt. Sie haben daraus wesentliche Folgerungen gezogen:
Anstelle von dedizierten Rechnern für die CAD-Aufgaben (z. B. »ComputerVision«-Anlagen mit speziellen Rechenprozessoren) werden vorwiegend »general purpose«-Rechner wie VAX11-Minirechner von DEC oder 43XX-Modelle von IBM oder sogenannte Workstations und PC's eingesetzt.
Die derzeit angebotenen Systeme beruhen auf einer offengelegten, für den Anwender zugänglichen Datenbasis und auf Standard-Betriebssystemen und Standard-Basis-Software der Hersteller (auch UNIX).
Über die schon traditionelle CAD/CAM-Verbindung zur Erstellung von Fertigungsunterlagen hinaus werden heute Systeme angeboten, die insbesondere die Entwurfsphase integriert mit unterstützen.
Diese Entwicklung wurde durch die CAE-Systeme (computer aided engineering) forciert. Diese zielen besonders auf die Entwicklung von integrierten Schaltkreisen, was im Gegensatz zur Leiterplatten-Entwicklung ohne die Entwurfshilfsmittel

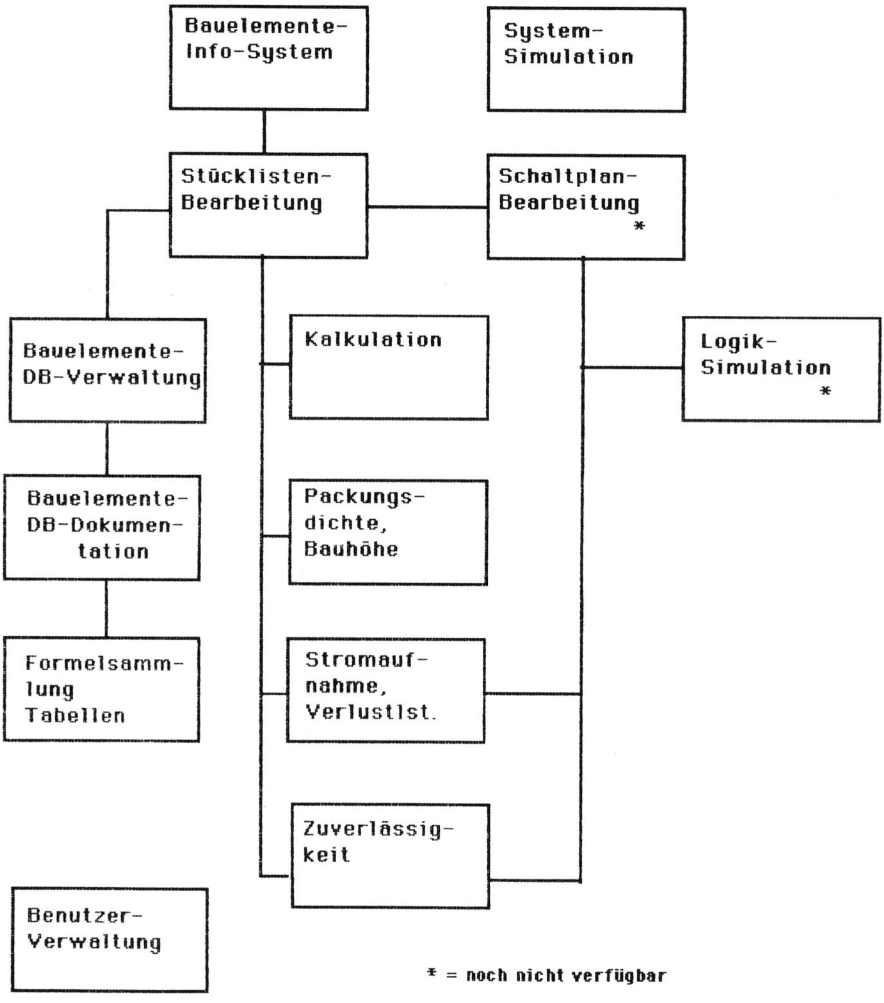

Bild 4 RASEG-Funktionsstruktur

- Simulation,
- Logikanalyse,
- Fehleranalyse, Testbarkeitsanalyse

überhaupt nicht denkbar ist. Die gleichen Hilfsmittel lösen bei den fortgeschrittenen CAD-Systemen für PCB die Brettschaltung und den Musterbau als (kostspielige) Tests ab. Umgekehrt bieten die CAE-Systeme auch Hilfsmittel für die Leiterplatten-Konstruktion an.

Als Vertreter der modernen CAE-Systeme seien DAISY, VALID, MENTOR und CAE-Systems genannt. Sie alle zeichnen relationale Datenbanken (oft auf UNIX-Basis) und moderne Prozessoren (Motorola 680XX, etc.) aus. Über ein LAN können mehrere Stationen zusammengeschaltet werden. Ein Gateway öffnet das Tor zur übrigen innerbetrieblichen DV.

Auch die klassischen CAD-Anbieter haben ihre Systeme geöffnet. Hier sei stellvertretend das System CIEE (computer integrated electronic engineering) von RACAL REDAC (auf DEC-VAX und IBM-PB-Basis) angeführt. Im Prospekt heißt es:

»CIEE berücksichtigt alle Entwurfsmethoden einschließlich Leiterplatten-Layout, Hybrid-Technik, Gate-Arrays, hochintegrierte (VLSI-)Kundenschaltkreise und Standardzellen. Für jede dieser Techniken steht ein optimales Software-Paket zur Verfügung, ...

Das System liefert umfangreiche Daten für die Weiterverarbeitung in der Fertigung. Sie dienen z. B. der Erstellung von Konstruktionsplänen und sonstiger Dokumentation und können NC-Maschinen steuern. Darüber hinaus bietet das System Programme für Bestückungs- und Testautomaten. All das aus ein und derselben »relationalen« Datenbank.

Das System bietet alle Möglichkeiten, ein umfassendes Umfeld für Entwicklung und Konstruktion zu schaffen. Entscheidend hierfür ist die Zusammenfassung aller Aktivitäten über eine gemeinsam benutzte »relationale Datenbank« ...«

Die Systeme wurden jeweils noch um umfangreiche Software für das Projekt-Management ergänzt.

Die bisher beschriebenen Systeme beschränken sich (notwendigerweise) auf die technische Datenhaltung. Es bleibt dem Unternehmen überlassen, seine spezifischen Daten hinsichtlich

- Preise,
- Materialverfügbarkeit,
- Bauelemente-Vorzugslisten,
- Zuverlässigkeit,

also die sogenannten Relationsmerkmale, zu den sogenannten Sachmerkmalen hinzuzufügen und damit dem Entwickler bzw. Konstrukteur bei seiner Arbeit zur Verfügung zu stellen.

Brown Boveri hat seit zwei Jahren mit dem System RASEG (Rechnergestütztes Abwicklungssystem für die Entwicklung elektronischer Geräte) auf Datenbankbasis eine Drehscheibe zwischen Entwurf, Konstruktion und Fertigung zur Verfügung. **Bild 4** (siehe Seite 43) gibt eine Funktionsübersicht.

8 Ausblick

Die Aussage von CAMP'83 ist richtig: CAD bringt die erwarteten wirtschaftlichen Resultate erst mit der Integration in den innerbetrieblichen Funktionsverbund.
Dies gilt es insbesondere bei der Einführung von Personal Computern als low-cost-CAD-Stationen zu beachten. PC's bedeuten heute (noch) oft Desintegration und mangelnde Koordination; diese Entwicklung muß und kann verhindert werden [4].
Integration ist keine einmalige »Umstellungs«-Aufgabe, sie ist ein permanenter Prozeß. Konzeptionell muß sie von verantwortlichen Mitarbeitern oder Beratern, sogenannten *Informations-Managern,* vorbereitet und durchgesetzt werden; die erforderlichen Lösungsmittel müssen bei den anstehenden Investitionen bereitgestellt werden.

9 Schrifttum

[1] Tagungsbericht CAMP'83. Berlin und Offenbach: VDE-VERLAG, 1983
[2] Atlas der innerbetrieblichen Informationsverarbeitung. Frankfurt am Main: VDEI-Verlag, 1985
[3] Gilson (Hrsg.): Personal Computer (PC) am Arbeitsplatz des Elektrotechnikers. Berlin und Offenbach: VDE-VERLAG, 1984
[4] Vetter: Aufbau betrieblicher Informationssysteme. Stuttgart: Teubner-Verlag, 1982

EDV-gestütztes Projektmanagement

Dr. rer. nat. *Friedrich Wehking,* AEG Aktiengesellschaft, Ulm

1 Fragestellung

Mit fortschreitendem technologischen Wandel steigt der Anteil der »Einmal-Leistungen« in der Volkswirtschaft der mitteleuropäischen Länder.
Schwerpunkte finden sich bei besonderen Dienstleistungen, im Anlagen- und System-Geschäft.
Diese *»Einmal-Leistungen«* grenzen sich gegenüber dem Seriengeschäft – der Massenproduktion, aber auch gegenüber Standard-Dienstleistungen – dadurch ab, daß sie einen definierbaren Anfangs- und Endzustand, in der Regel eine Vielfalt von Aufgaben und Produktionsfaktoren und vielfältige innere Abhängigkeit aufweisen. Sie werden nachfolgend schlicht *Projekte* genannt. Wie bei der Serien- und Massenproduktion wird auch in jedem Projekt ein *»Erzeugnis«* realisiert. Das gilt auch für ein Reorganisations-Projekt, dessen Erzeugnis die neue Organisation ist. Mithin ist davon auszugehen, daß z. B. in technischen Projekten die herkömmlichen Aufgabenbereiche eines technisch orientierten Unternehmens wiederzufinden sind:
Entwicklung, Konstruktion, Produktion, Dokumentation, Materialwirtschaft, Finanzwesen, Planung und Kontrolle, allgemeine Verwaltung und die Unternehmensleitung.

Unter dem Begriff *Projektmanagement* faßt man heute in der Regel die Aufgabenbereiche Unternehmensleitung, Planung und Kontrolle, Finanzwesen, allgemeine Verwaltung und in entsprechend gelagerten Fällen auch die Materialwirtschaft und das Dokumentationswesen zusammen.
Auf der Suche nach einer EDV-Unterstützung für das Projektmanagement sind daher diese Aufgabenbereiche zu bedenken.
Wie bei allen EDV-Anwendungen gilt auch hier der Grundsatz, daß eine *EDV-Unterstützung* um so leichter zu finden ist, je häufiger sich die einzelnen Aufgaben wiederholen, und daß sie um so notwendiger ist, je größer die Zahl der zu verarbeitenden Daten ist.

2 Einsatzmöglichkeiten für EDV-Werkzeuge

Vor jeder EDV-Realisierung steht zunächst die Betrachtung der Aufgaben und die Beurteilung einer möglichen Unterstützung durch EDV. Danach folgt die Betrachtung der »am Markt« vorhandenen EDV-Werkzeuge und die Beurteilung der Einsatzmöglichkeiten.

2.1 Aufgabenbereiche des Projektmanagements

Wegen des »Einmal«-Charakters der Projekte haben sich die Aufgabenbereiche anders gegliedert als im herkömmlichen Geschäft. So findet man häufig im Bereich der Planung und Kontrolle die Strukturierung des Projekts und die Planung und Kontrolle von Abläufen, Terminen und Kosten. Das heißt, daß hier die Aufgaben der »Fertigungs-Planung und -steuerung« zur Planung und Kontrolle zusammengefaßt werden. Der Aufgabenbereich der Unternehmensleitung heißt hier *Projektleitung*. Zum Finanzwesen zählt hier die Finanzierungs- und Zahlungs-Planung und -Kontrolle. Zur allgemeinen Verwaltung zählen Aufgaben wie Belegerfassung (Tätigkeitsberichte), die Koordination von Reisen, das Berichtswesen und andere.

2.1.1 Projektstrukturierung [1]

Basis für die Strukturierung eines technischen Projekts ist das technische Konzept für das zu realisierende Erzeugnis. Gemäß der Konzeption läßt sich das Erzeugnis in seine Bestandteile zergliedern. Für die Realisierung der einzelnen Erzeugnisteile lassen sich Arbeiten definieren. Diese Arbeiten können zu Paketen zusammengefaßt einzelnen Fachabteilungen im Unternehmen oder Unterauftragnehmern zur Erledigung übertragen werden. Die hierarchische Aufgliederung für eine solche erzeugnisorientierte Projektstruktur ist im **Bild 1** dargestellt. Es zeigt einen Ausschnitt aus der Struktur einer Anlage aus dem Bereich der Hochfrequenztechnik.

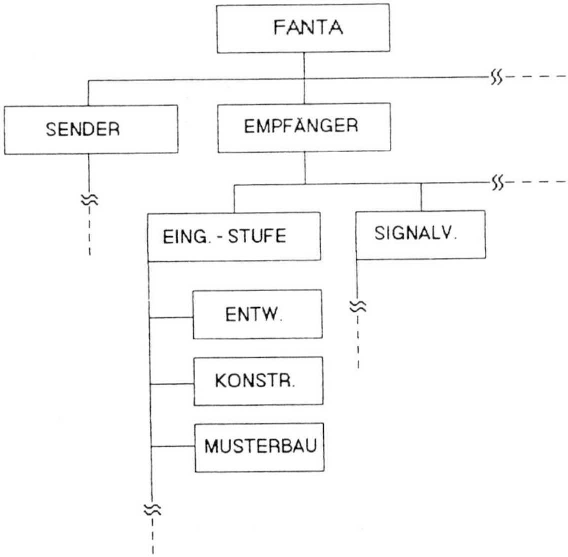

Bild 1 Projektstrukturplan

Am untersten Ende eines jeden »Astes« »hängen« die Arbeitspakete (z.B. Entwicklung der Eingangsstufe). Die Erstellung eines solchen *Projektstrukturplans* ist die Voraussetzung für die Erstellung von Angeboten und die Planung von Aufträgen. Im Laufe der Angebotsbearbeitung werden die Grob-Entwürfe des Projektstrukturplanes überarbeitet und verfeinert. Bei der Auftragsplanung kann sich die Verfeinerung fortsetzen. Bei der Auftragsabwicklung sind Änderungen in der Regel zu erwarten. Bei der Erstellung und Pflege der Projektstrukturpläne lassen sich durch den Einsatz eines EDV-Werkzeugs der manuelle Aufwand reduzieren und die Arbeit beschleunigen.

2.1.2 Terminplanung und Terminverfolgung [2]

Nach der Strukturierung des Projekts ist der Ablauf der Arbeiten aller Arbeitspakete zu planen. Zu diesem *Ablaufplan* sind Beginn und Ende der einzelnen Arbeiten in bezug auf Projektbeginn festzulegen. Dabei sind die Beziehungen der Arbeiten untereinander zu berücksichtigen. Mit der Festlegung des Termins für Projektbeginn und Projektende ergeben sich die Termine für die einzelnen Arbeiten und für die einzelnen Arbeitspakete.

Ebenso wie der Projektstrukturplan wird auch der Ablaufplan iterativ verfeinert und überarbeitet. Dabei werden die einzelnen Arbeiten zunächst in einer (Vorgangs-) Liste aufgeführt. Besonders wichtige Ereignisse (Beginn oder Ende einzelner Vorgänge) lassen sich zu »Meilensteinen« erklären.

Außer durch Listen lassen sich Vorgänge, Arbeitspakete und Meilensteine auch grafisch in Abhängigkeit von der Zeit darstellen.

Die am weitesten verbreitete Methode ist dabei der *»Balkenplan«*. Er ist am übersichtlichsten, enthält aber nicht die logische »Vernetzung« der Arbeiten (Vorgänge) untereinander.

Bei der iterativen Erarbeitung von Terminplänen bringt die EDV-Unterstützung eine wesentliche Erleichterung und Beschleunigung. Das gilt um so mehr, je größer das Projekt und damit die Zahl der zu planenden und darzustellenden Arbeiten und Termine sind.

Während der Projektabwicklung muß sich die Projektleitung fortlaufend über den Stand der Arbeiten informieren. Dazu verfolgt sie die Einhaltung der in der Planung vorgegebenen Termine. Bei sich abzeichnenden Abweichungen vom Plan ist durch Festlegung von Korrekturmaßnahmen die Einhaltung der Endtermine sicherzustellen. Alle Korrekturen sind in die letztgültigen Pläne einzuarbeiten. Auch bei dieser Pflege der Pläne ist der EDV-Einsatz um so wertvoller, je größer die Zahl der zu verarbeitenden Daten ist.

2.1.2.1 Netzplantechnik [3]

Mit zunehmender Größe der Projekte wächst die Zahl der Abhängigkeiten der Arbeiten untereinander; in der Regel sogar überproportional. Die dadurch entstehende Wechselwirkung der Anfangs- und Endtermine läßt sich mit Balkenplänen oder in Listen nicht mehr übersichtlich darstellen. Für solche komplexen Planungsaufgaben ist die Netzplantechnik entwickelt worden. Der *Netzplan* baut auf dem Projektstrukturplan auf. Er erfaßt sämtliche Arbeiten im Projekt und stellt ihre

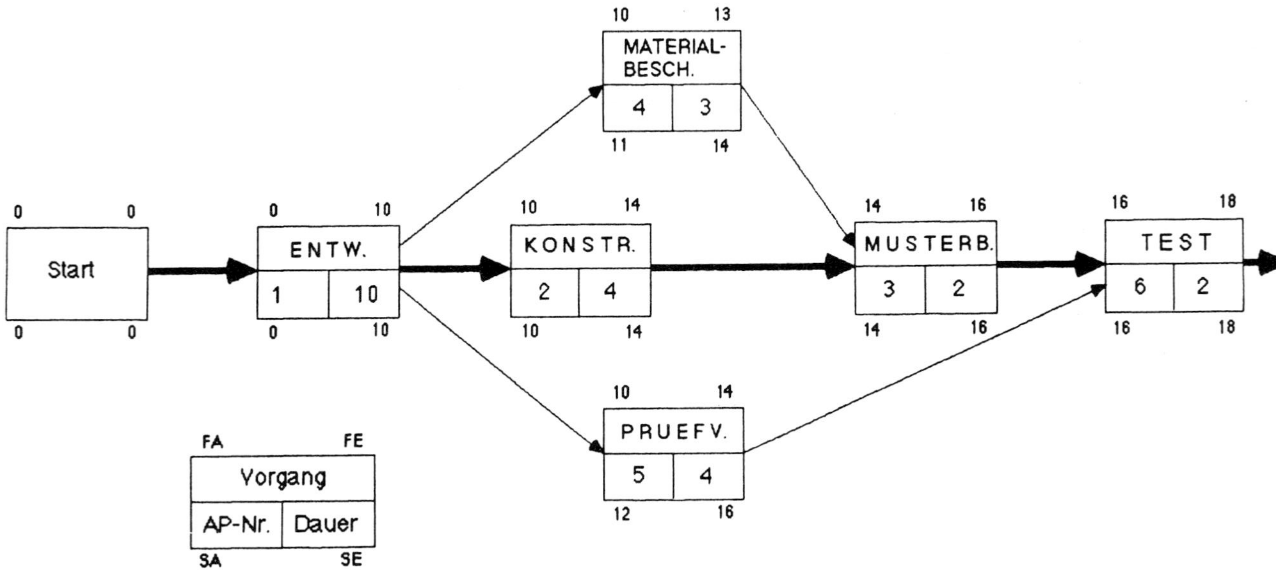

Bild 2 Netzplan nach dem Prinzip eines Vorgangs-Knoten-Netzes

Beziehungen untereinander im zeitlichen Ablauf dar **(Bild 2).** Wesentliche Funktionen der Netzplantechnik sind:

- die Berechnung der frühestmöglichen und spätestens erlaubten Termine für Anfang und Ende (FA, FE, SA, SE) der geplanten Arbeiten,
- die Ermittlung von möglichen Pufferzeiten zwischen Arbeiten, deren zeitliche Reihenfolge unkritisch ist und
- die Bestimmung des »kritischen Pfades«, auf dem keine Puffer zwischen den einzelnen Arbeiten zu finden sind.

Der Netzplan wird nicht nur in der Planungsphase eines Projekts eingesetzt. Im Verlaufe eines Projekts läßt sich bei Freigabe der Pufferzeiten an die Fachabteilung feststellen, ob und wie viele Puffer von den Abteilungen aufgebraucht wurden. In einzelnen Fällen verschiebt sich dadurch der kritische Pfad im Projekt. Die Kunst der Projektleitung ist es daher, für ein »Festschreiben« der Termine zu sorgen. Je weniger die Projektleitung die Termine durchsetzen kann, desto häufiger wird sie den Netzplan neu durchrechnen müssen. Im Idealfall wird der Netzplan nur zur Optimierung der Planung – während der Erarbeitung eines Angebots oder zur Einplanung des Auftrags eingesetzt.
Das Durchrechnen solcher Netzpläne ist zwar auch ohne EDV-Unterstützung möglich, ist dann aber aufwendig und fehleranfällig.

2.1.3 Standard-Prozeß-Pläne [4]
In der Fragestellung hatten wir festgehalten, daß es sich bei Projekten um »Einmal-Leistungen« handelt. So läuft jede Entwicklung einer neuen Radar-Anlage nur einmal ab. Der Entwicklungsprozeß selber verläuft aber zumindest nach ähnlichen Gesetzmäßigkeiten. Das gleiche gilt auch für den Anlagenbau. So lassen sich in jedem Unternehmen, in dem Projekte abgewickelt werden, Erzeugnisklassen definieren, die in Projekten realisiert werden. Für jede Erzeugnisklasse kann dann der Realisierungs-Prozeß ähnlich ablaufen.
Bei der herkömmlichen Projektplanung werden Strukturplan, Ablaufplan, Abhängigkeiten, Meilensteine und Zuständigkeiten immer wieder neu definiert. Analysiert man einen solchen Projekt-Gesamtplan auf verallgemeinerungsfähige Einzelelemente, so entsteht dabei ein »Standard-Prozeß-Plan«.
Bei der Einplanung eines neuen Projekts läßt sich der Standard-Prozeß-Plan aus der Schublade ziehen und auf das spezifische Projekt trimmen **(Bild 3).**
Es versteht sich von selbst, daß mit der Standardisierung eine Basis geschaffen ist, EDV-Einsatz zu nutzen. Struktur-, Ablaufpläne, Arbeits-(Vorgangs-)Listen und andere standardisierte Unterlagen lassen sich im Rechner ablegen. Mit den EDV-Hilfen zur Datenänderung läßt sich aus dem Maximalplan ein spezifischer Projektplan schaffen.

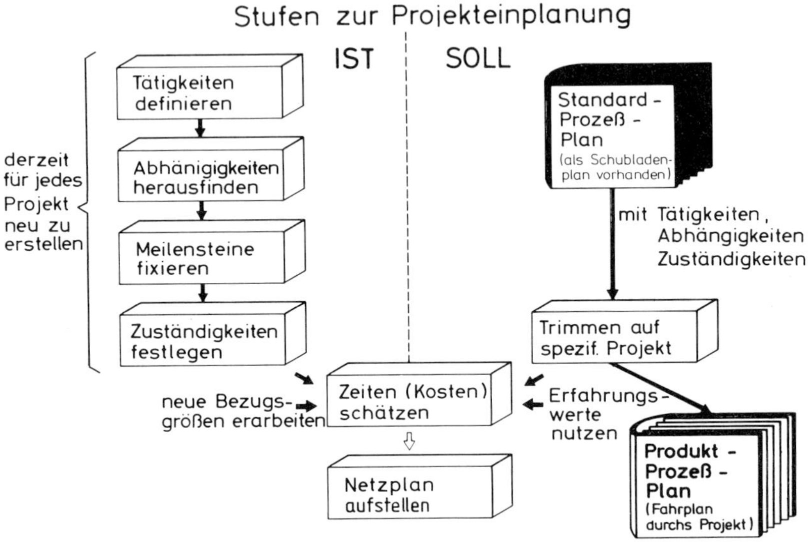

Bild 3 Projekt-Einplanung mit dem Standard-Prozeß-Plan

2.1.4 Kostenplanung und Kostenverfolgung [5]

Im Projektstrukturplan ist das Gerüst für alle Arbeiten festgelegt. Zu den einzelnen Arbeiten ist der zu erbringende Leistungsumfang möglichst eindeutig zu definieren. Auf der Basis eines daraus entstehenden Leistungsverzeichnisses sind die zu erwartenden Kosten abzuschätzen bzw. zu kalkulieren. Bei der detaillierten Kostenschätzung werden die ermittelten Mengenansätze bewertet und daraus die Kosten berechnet. Eine Zusammenführung aller Kosten im Projektstrukturplan von unten nach oben (engl.: bottom up) ergibt die Gesamtkosten. Entsprechend der Strukturelemente lassen sich die einzelnen Kostendaten nach

- Erzeugnisteilen,
- Kostenarten (Personal, Material, ...),
- Kostenstellen (Fachabteilungen, Unterauftragnehmer, ...)

zusammenstellen und verdichten.

In Verbindung mit dem Terminplan für die einzelnen Arbeiten/Arbeitspakete läßt sich ein Plan für den zeitlichen Kostenverlauf darstellen.
Diese Kostenplanung ist sowohl während der Erarbeitung eines Angebots als auch vor der Auftragsabwicklung durchzuführen. Dabei sind viele Iterationsschritte zu durchlaufen, um die gesteckten Ziele für die Gesamtkosten (beim Angebot) oder der Abzweigung einer Managementreserve (beim Auftrag) zu erreichen.

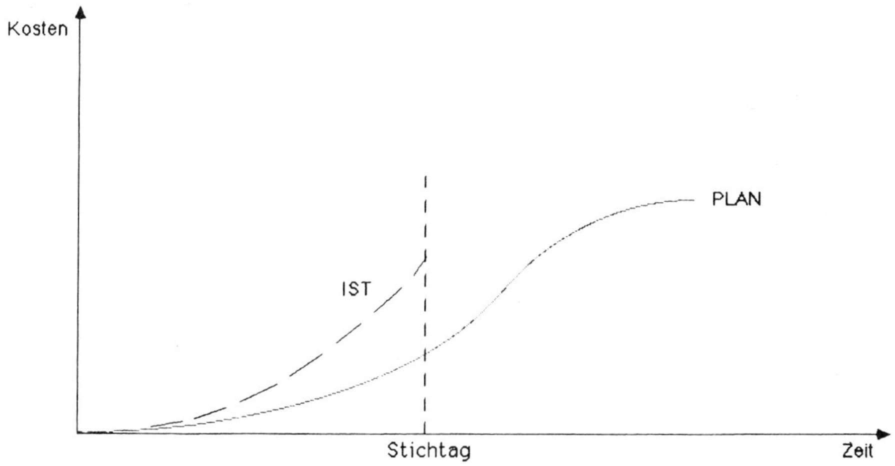

Bild 4 Plan-Ist-Vergleich für Kosten

Während der Abwicklung eines Projekts gilt es, den Kostenverlauf zu verfolgen. Ziel der Kostenverfolgung ist, im Vergleich zu den geplanten Kosten schon frühzeitig im Projektverlauf mögliche Kostenabweichungen, insbesondere Überschreitungen der Planansätze, zu erkennen. Dazu ist es notwendig, die einzelnen Kosten in der gleichen Struktur zu erfassen, wie sie vor Projektbeginn geplant wurden. Aus einem Plan-Ist-Vergleich muß nun die Projektleitung Rückschlüsse auf den zu erwartenden weiteren Kostenverlauf ziehen **(Bild 4).**

Aus der rein zeitlichen Darstellung ist nicht erkennbar, welche Arbeiten zu einem Stichtag als erledigt geplant und welche davon tatsächlich erledigt sind. Die Abweichung zwischen Plan und Ist sagt daher nichts darüber aus, ob mit dem restlichen Geld die restliche Arbeit erledigt werden kann. Hier hilft die sogenannte Restkostenschätzung. Dazu ist es notwendig, zum jeweiligen Stichtag eine Kostenabschätzung zu den restlichen Arbeiten auszuführen und auszuwerten.

Wie mit der Terminverfolgung gewinnt die Projektleitung auch mit der Kostenverfolgung rechtzeitige Hinweise auf nicht akzeptable Abweichungen. Sie nimmt diese zum Anlaß, um durch Korrekturmaßnahmen das vereinbarte Ziel zu erreichen.

Schon bei mittleren Projekten kann die Kostenermittlung und Auswertung nach Strukturelementen eine aufwendige Arbeit sein. Da sie nach strengen Strukturvorgaben erfolgt, bietet sich hier der EDV-Einsatz geradezu an. Ebenso wie bei Serien- und Massenproduktion eine Unternehmenssteuerung ohne eine EDV-gestützte Kosten-Leistungs-Rechnung nicht mehr denkbar ist, kann auch keine Projektleitung ernsthaft auf EDV-gestützte Kostenplanung und -verfolgung verzichten.

2.1.5 *Belegerfassung*

Für die Erfassung der Plandaten und die laufende Berichterstattung über Termine und Kosten steht für viele Projekte keine feste Organisation zur Verfügung. Das gilt insbesondere für die Erfassung von Stundenzetteln an den Montageplätzen. Eine manuelle Erfassung und ein Datentransport »per Post« kann hier unter Umständen sehr aufwendig sein und erhebliche Verzögerungen mit sich bringen. Solche Verzögerungen beschneiden wiederum die Projektleitung in ihren Möglichkeiten, rasch auf Veränderungen zu reagieren.

2.1.6 *Koordination von Reisen*

Großprojekte werden in der Regel vom Generalunternehmer zusammen mit vielen Unterauftragnehmern abgewickelt. Für die Projektleitung und ihre Stabsabteilung ist dadurch umfangreiche Reisetätigkeit erforderlich. Eine Koordination der Reisen vermindert daher die Reisekosten wesentlich. Wie bei der generellen Belegerfassung reduziert der EDV-Einsatz für diese Aufgaben den Aufwand und beschleunigt die Informationsweitergabe.

2.1.7 *Finanzwesen*

Bei Projekten, die im Auftrage von Kunden abgewickelt und/oder eine starke Einbeziehung von Unterauftragnehmern bzw. Lieferanten erfordern, ist die Planung und Verfolgung von Finanzierungen und Zahlungen eminent wichtig. Mit zunehmender Zahl der Partner im Projekt wächst der Aufwand für diese Arbeiten. Bei Projekten mit internationalen Verflechtungen kommt noch die Berücksichtigung der Währungen und die Verschiebung von Paritäten und Wechselkursen hinzu. Wegen der Besonderheiten vieler Projekte ist hier in vielen Fällen eine spezifische EDV-Unterstützung unerläßlich.

2.1.8 *Materialwirtschaft*

Wegen der »Einmal-Leistungen« eines Projekts steht bei einer Reihe von Projekttypen für die Planung, Beschaffung, Verteilung und Verfolgung von Materialien keine feste Organisation zur Verfügung. Sie muß für jedes Projekt neu geschaffen werden. In einigen Fällen (z.B. Beschaffungs- oder Instandsetzungs-Programme der Bundeswehr) ist sogar eine körperliche Verfolgung einzelner Teile unerläßlich. Aus der Materialverfolgung ergibt sich der Zeitpunkt der Rechnungsstellung. Durch eine Verbindung mit dem Finanzwesen läßt sich der Geldbedarf leichter steuern.
Die Vielzahl der einzelnen Teile und Vorgänge führt bei einer manuellen Bearbeitung zu extrem hohen Aufwendungen. In solchen Situationen ist die EDV-Unterstützung unverzichtbar. Die Schwierigkeit besteht darin, daß wegen der spezifischen Lösung nur eine beschränkte Nutzungsdauer gegeben ist.

2.1.9 *Dokumentationswesen*

Es wächst in zunehmendem Maße die Erkenntnis, daß Dokumentation ein entscheidendes Qualitätsmerkmal und damit ein wichtiger und fester Bestandteil eines effizienten Projektmanagementsystems darstellt.
Ein schneller und sicherer Zugriff auf Daten und Fakten in Unterlagen ist deshalb so

wichtig, da sich nahezu alle Planungs-, Ausführungs- und Kontrolltätigkeiten bei der Abwicklung eines Projekts in der Erstellung irgendwelcher Unterlagen niederschlagen. Diese Unterlagen müssen sowohl erfaßt, vervielfältigt und verteilt als auch laufend aktualisiert, geprüft und freigegeben werden. Am Projektende müssen die Unterlagen entsprechend archiviert, gesichert sowie bei Bedarf ständig fortgeschrieben werden.

Somit gewinnen Methoden zur Beherrschung von Informations- und Dokumentationsproblemen zunehmend an Bedeutung; ja, man kann die Dokumentationstechnik als weitere Disziplin im Projektmanagement – neben den klassischen Instrumenten Terminplanung, Kapazitäts- und Kostenplanung – nennen.

Eine erfolgreiche Dokumentationstechnik setzt die Kenntnis gewisser Grundprinzipien und ihrer systematischen Anwendung voraus. Dazu gehört vor allem die konsequente Anwendung von sogenannten Kennzeichen- oder Codier-Systemen. Effiziente Dokumentationstechnik darf nicht in erster Linie unter dem Gesichtspunkt eines bedingungslosen Einsatzes moderner Informationstechnik gesehen werden, also des Einsatzes von Datenverarbeitung, Mikrofilmtechnik, Bildplatte etc. Es kann sehr verhängnisvoll sein, ohne ein vorhandenes begriffliches Ordnungsinstrumentarium nach Mitteln der Informationstechnik zu greifen. Dies führt dazu, daß dann in den »elektronischen Aktenschränken« ebenso verzweifelt nach Unterlagen gesucht wird wie früher in den »physischen«!

Das heißt, es müssen zuerst die gedanklichen Voraussetzungen geschaffen werden, bevor man zum technischen Hilfsmittel greift. Dies geschieht mit sogenannten Basis-Kennzeichen- oder Basis-Codier-Systemen als Grundlage einer Dokumentation.

Erst dann kann der Schritt hinsichtlich einer anforderungsgerechten Abstimmung über den Einsatz der »passenden« Organisationsmittel vorgenommen werden.

2.1.10 Berichtswesen

Eine Schlüsselaufgabe im Projektmanagement stellt das Berichtswesen dar. Alle am Projekt Beteiligten sind zu bestimmten Zeiten mit bestimmten Informationen zu versorgen.

Beispiele für Inhalte von Berichten an die Projektleitung sind Informationen über den Stand der Arbeiten (begonnen: ja/nein, beendet: ja/nein), Aufwandschätzungen, Restkostenschätzungen u. a.

Die im Berichtswesen anfallenden Daten gehen in die vorgenannten Funktionen von der Terminverfolgung über die Kostenverfolgung bis in das Dokumentationswesen ein. Sie werden dort ausgewertet und können in einem Gesamtbericht dargestellt werden. Der Gesamtbericht oder Teile davon sind den Beteiligten wieder zuzustellen. Wie bei den anderen Aufgaben des Projektmanagements gilt auch hier, daß der Aufwand mit zunehmender Projektgröße überproportional steigt. Man wird daher nur in kleinen Projekten auf eine EDV-Unterstützung verzichten können.

2.2 EDV-Werkzeuge

Zur Unterstützung der einzelnen Aufgaben des Projektmanagements steht heute eine Vielfalt von EDV-Werkzeugen in Form von Software-Paketen zur Verfügung.

Je nach Aufgabengebiet handelt es sich dabei um nahezu geschlossene Lösungen oder um einzelne Basis-Werkzeuge. Der Vorteil der geschlossenen Lösungen liegt darin, daß der Anwender keine weitere Entwicklungsarbeit zu erbringen hat. Von Nachteil ist, daß die geschlossene Lösung einen fest definierten, nicht erweiterungsfähigen und auch häufig nicht ausreichend flexiblen Leistungsumfang hat. Für solche Lösungen muß der Anwender häufig seine Ablauforganisation an die Bedingungen der Software-Pakete anpassen.
Der Vorteil der Basis-Werkzeuge liegt darin, daß der Anwender mit ihnen eine für ihn spezifische geeignete Lösung aufbauen kann. In solchen Lösungen wird das Software-Paket an die Ablauforganisation angepaßt.
Der Nachteil solcher Lösungen liegt in der mehr oder weniger umfangreichen Entwicklungsarbeit, die der Anwender zu erbringen hat.

2.2.1 Geschlossene Lösungen

In den Anfängen des Projektmanagements konzentrieren sich die Aufgaben auf die Terminplanung. Von daher ist es nicht verwunderlich, daß es heute wohl kaum einen Rechner-Hersteller gibt, der nicht auch ein Software-Paket zur Unterstützung der Terminplanung für Projekte anbietet. Allerdings sind Leistungsfähigkeit und Preis sehr unterschiedlich.
Die meisten Terminplansysteme enthalten auch einen Modul Netzplantechnik. Nach der Entwicklung von PERT in den USA wurde 1968 das im Auftrage des damaligen BMVtdg entwickelte PPS-System vorgestellt. Der damalige Leiter der Hauptabteilung Rüstung im Bundesministerium der Verteidigung, Ministerialdirektor Wahl, schrieb im Dezember 1972 dazu im Vorwort des PPS-Handbuchs [6]:

»Der Bundesminister der Verteidigung hat 1968 in einer ersten Konzeption das Projektplanungs- und -steuerungssystem (PPS-System) seinem eigenen Bereich und der mit ihm zusammenarbeitenden Industrie vorgestellt. Dieses System ist entwickelt worden, um die wesentlichen Rüstungsvorhaben mit den Auftragnehmern in ihrem Ablauf durchsichtiger und einheitlich zu planen, zu steuern und zu überwachen. Damit sollte zugleich zusammen mit der Industrie ein Beitrag zu einem leistungsfähigen und differenziert handhabbaren Netzplanverfahren geschaffen werden.

Ein besonderes Merkmal des PPS-Systems ist seine Fähigkeit zur Anpassung an die sich herausbildenden Erfahrungen und Forderungen einer fortschrittlichen Projektführung. So sind inzwischen in diesem Sinne alle Teile des Systems überarbeitet worden. Die Federführung der Entwicklung lag und liegt bei der Firma Dornier-System GmbH. Die unterstützende Mitarbeit der Industrie stellte dabei sicher, daß durch die Berücksichtigung wesentlicher Kriterien industrieller Projektführung das angestrebte Management-Hilfsmittel entstanden ist und weiterentwickelt wurde. Neben denen, die durch Anregung zu dieser Weiterentwicklung beitrugen, haben insbesondere die im Arbeitsausschuß PPS-System mitwirkenden Firmen wesentlich zu diesem Ziel beigetragen. Allen Beteiligten an dieser Stelle zu danken, ist mir Pflicht und Genugtuung.
Der erfolgreiche Einsatz des PPS-Systems bei Rüstungsvorhaben sowie die wach-

sende Anwendung des Systems zur Steuerung auch von Vorhaben des privatwirtschaftlichen Bereichs bestätigen mir die ursprüngliche Erwartung, daß hiermit ein notwendiges Instrument auf den richtigen Weg gebracht sei. Daraus erhoffe ich auch künftig, daß in der gemeinsamen Anstrengung von Industrie und Behörde die hohe Leistungsfähigkeit und Handhabbarkeit des PPS-Systems erhalten bleibt.
Als ein ferneres Ziel wird ein modular aufgebautes PPS-System anzustreben sein, das in künftige Informationssysteme EDV-gemäß integrierbar ist.
Es sei jedoch auch hier daran erinnert, daß ein noch so gutes PPS-System weder die Qualität einer Projektführung ersetzt noch den materiellen Inhalt verbessert, den es als einen Fahrplan im Zeitablauf der zu erbringenden Leistungen beschreibt.
In der frühen Phase verpflichtet jedoch seine Anwendung zu erhöhter kritischer Sorgfalt in der Planung durch den Zwang zu genauer Definition des Projektablaufs auf verästelten, wechselseitig abhängigen Wegen zum Ziel. Unterwegs will es nicht mehr, aber auch nicht weniger sein als eine reaktionsfähige Warnanlage, wenn zugeordnete Meilensteine zum Ziel außer Tritt geraten. Dann fordert es rechtzeitig die Intelligenz und die Qualität der Projektführung zum Wieder-Tritt-fassen heraus. Es kann niemals Intelligenteres produzieren als der Planende ihm eingegeben hat, aber es soll durch Erhöhung der Transparenz und Fähigkeit zur kritischen Aussage zum intelligenten Reagieren herausfordern.«

Die Ausführungen von Ministerialdirektor Wahl zum Zusammenspiel zwischen DV-Systemen und Intelligenz und Qualität der Projektführung ist auch heute noch nach wie vor uneingeschränkt gültig.
Der Leistungsumfang des PPS II konzentriert sich auf die Termin-, Kosten- und Einsatzmittel-Planung und -überwachung. Es handelt sich dabei um ein sehr leistungsfähiges, aber auch sehr aufwendiges EDV-Werkzeug. Das gilt sowohl für die Anwendung als auch für die notwendige Rechnerkapazität.
Nachdem in den letzten Jahren die Kapazität der Arbeitsplatz-Rechner (PC) gewachsen ist, steht in Kürze die Vorstellung von PPS lauffähig auf einem PC bevor.
Daneben wurde inzwischen ein modernisiertes PPS III im Auftrage des Bundesamtes für Wehrtechnik und Beschaffung entwickelt. Die Modernisierung zielte schwerpunktmäßig auf eine verbesserte Dialogfähigkeit des Systems für den Anwender. Dieses System läuft nur auf großen Rechneranlagen.
Neben solch mächtigen Lösungen wie PPS entstanden in den letzten Jahren viele einfache Lösungen, die besonders auf einem PC lauffähig sind. Die Entwicklung dieser Systeme läuft entgegengesetzt zu der von PPS. So wurde z. B. das Programm »Plus. Eins« der Fa. ACOS, Hannover, ursprünglich für einen PC entwickelt, inzwischen ist aber seine Leistungsfähigkeit so ausgebaut, daß das Programm ebenfalls auf einem VAX-Rechner der Fa. DEC läuft. Wie schnell auf diesem Sektor die Entwicklung voranschreitet, kann man schon daran erkennen, daß für »Plus. Eins«, das erst 1983 entstand, inzwischen die Version 3.2 zugesagt wurde.
Noth und Schwichtenberg [7] haben 66 computerunterstützte Planungs- und Steuerungssysteme einer vergleichenden Untersuchung unterzogen. (Das Ergebnis einer im Hause AEG angestellten vergleichenden Untersuchung verschiedener Planungswerkzeuge ist beim Autor erhältlich). Über 80 % der untersuchten Programme scheiterten

an einer von den Autoren vorgegebenen Checkliste. Auch für die restlichen Systeme wurden durchaus deutliche Mängel im Vergleich zu einem idealen modernen EDV-Werkzeug zur Unterstützung der Projektplanung und Projektsteuerung festgestellt.
Abschließend läßt sich feststellen, daß die Mehrheit der geschlossenen Lösungen auf die Unterstützung der Arbeiten zur Termin-, Kosten- und Einsatzmittelplanung zielen. Dabei geht die Betrachtung in der Regel von isolierten Projekten aus. Eine wirklich zufriedenstellende Unterstützung von Projekten, die im gleichen Zeitrahmen auf gleiche Einsatzmittel zugreifen (Multiprojecting) ist nicht bekannt; vielleicht auch nicht machbar.

2.2.2 Basis-Werkzeug

Trotz ihrer Schlüsselfunktion gibt es in den geschlossenen Lösungen kaum eine EDV-Unterstützung für die Projektstrukturierung.
Hier ist der Anwender darauf angewiesen, auf Basis-Werkzeuge zurückzugreifen. Dies können Teile von CAD-Programmen sein oder aber spezielle Zeichnungs-Programme, wie z.B. GRANEDA von der Fa. Netronic. Solche Zeichenprogramme werden für viele geschlossene Lösungen zusätzlich benötigt, um auch z.B. Terminpläne grafisch darstellen zu können. Für die Datenerfassung und die Bereitstellung von Ergebnissen in dezentralen Projektgruppen innerhalb von Großprojekten, ebenso in Kleinprojekten innerhalb von Fachabteilungen, sind dezentrale Systeme notwendig. Daher sind die herkömmlichen Programme für die Belegerfassung, die Koordination von Reisen und das Finanzwesen, wie sie für Unternehmen mit Serien- bzw. Massenproduktion geschaffen wurden, nicht geeignet.
Hier ist der Anwender darauf angewiesen, sich mit Basis-Werkzeugen eine spezifische Lösung aufzubauen. Bei modernen Werkzeugen kann man zwar häufig auf das Erlernen von Programmiersprachen verzichten. So enthalten Datenbanksysteme verhältnismäßig leicht erlernbare Kommandos. Das Zusammenfügen zu geeigneten Lösungen, insbesondere das Zusammenfügen mehrerer Werkzeuge untereinander, erfordert jedoch die Unterstützung von DV-Spezialisten.
Für den Sektor Materialwirtschaft stehen heute einfach erlernbare modular aufgebaute Systeme zur Verfügung, die an die Bedürfnisse des Anwenders angepaßt werden können. So wurde z.B. im Hause der AEG für besondere Großprojekte das Programmsystem MM/3000 von der Fa. Hewlett Packard eingesetzt. Die volle Nutzung solcher Systeme läßt sich aber nicht ohne die Unterstützung von DV-Spezialisten erreichen.
Für das Dokumentationswesen stehen heute Organisationsmittel wie EDV, Mikrofilm, CAD und Textverarbeitung zur Verfügung. Hier soll lediglich kurz auf die Einsatzmöglichkeiten der EDV, insbesondere mit Personal Computern, eingegangen werden.
Die Unterstützung durch EDV kann sowohl für die Unterlagenerstellung (Primärdaten) als auch zur Unterlagenverwaltung (Sekundärdaten) herangezogen werden. Bei der Unterlagenerstellung z.B. in Gestalt von Listen und Tabellen, aber auch für Grafiken und Zeichnungen. Bei der Unterlagenverwaltung kann die EDV-Unterstützung in Form von Dokumentationslisten erfolgen, z.B. für Zeichnungen. Der Komfort und die Betriebsweise der EDV-Unterstützung, z.B. ob Batch-/Dialogbetrieb oder

zentrale/dezentrale Hardware-Konfiguration, richtet sich ganz nach den Anforderungen wie Menge, Änderungen, Zugriffszeiten etc.
Auf alle Fälle ist für eine EDV-Unterstützung als Hilfsmittel zur Dokumentationstechnik ein Datensystem erforderlich, das, neben den heute üblichen Standardanforderungen, den speziellen Forderungen der Dokumentations-Listentechnik gerecht werden sollte.
Dazu gehören vor allem:

- Dateneingaben mit Maskenprüfungen und logischen Prüfungen;
- Duplizieren von Datensätzen bei Wechsel des Änderungsindex, d.h., ohne Eingabe eines neuen Satzes;
- Selektieren/Sortieren von Datensätzen und Dateninhalten und Bedingungen;
- Arbeiten mit Sub-Dateien (z.B. Archiv-Dateien etc.);
- Verbindung mit Dateien anderer Verfahren, wie z.B. Terminplanung, Kostenplanung.

Es ist an dieser Stelle darauf hinzuweisen, daß es bei einem PC- oder Mikrocomputereinsatz (insbesondere für eine Sekundärdatenverwaltung) keine Standardlösungen (-software) gibt.

Es handelt sich letztlich um eine anwenderspezifische Angelegenheit. Dabei kann noch erwähnt werden, daß eine Sekundärdatenverwaltung sowohl mit traditionellen (sequentiell) als auch mit relationalen Datenbanksystemen aufgebaut werden kann. In den geschlossenen Lösungen werden Hilfen für das Berichtswesen angeboten. Dabei muß sich der Nutzer aber in den meisten Fällen auf vorgegebene Berichtsarten und -formate beschränken. Ein schlagkräftiges Berichtswesen ist aber auf die spezifischen Bedürfnisse des Anwenders auszurichten. Für die mögliche EDV-Unterstützung bedeutet dies, daß auch hier auf Basis-Werkzeuge zurückgegriffen werden muß; so z.B. auf Listengeneratoren, Datenbanksysteme, Zeichensysteme, »Elektronischer Briefkasten« und andere.

3 Rechnerauswahl

Eine EDV-Unterstützung für das Projektmanagement ist heute – anders als noch vor zehn Jahren – primär von der geeigneten Software abhängig. Dennoch kommt der geeigneten Rechnerauswahl auch heute noch eine große Bedeutung zu; lediglich die Fragestellung hat sich geändert. Eine Frage bezieht sich auf zentrale oder dezentrale Lösungen; die andere Frage bezieht sich auf die Rechnergröße.
Dworatschek [8] hat in einem Beitrag über den Einsatz von Mikrocomputern für die Projektleitung aufgezeigt, daß ihre Nutzungsfelder z.B. bei den dezentralen Projektgruppen in Großprojekten und bei den Kleinprojekten in den Fachabteilungen liegen (siehe auch **Bild 5**). In dieser Form stellen sie einen Arbeitsplatzrechner dar. Zentrale Großrechner werden immer dann unerläßlich sein, wenn übergeordnete Aufgaben zu erledigen sind. Dazu gehört z.B. die Bewältigung großer zentraler Datenbestände für einzelne Großprojekte wie auch die gleichzeitig zusammenfassende Betreuung vieler kleiner und mittlerer Projekte.

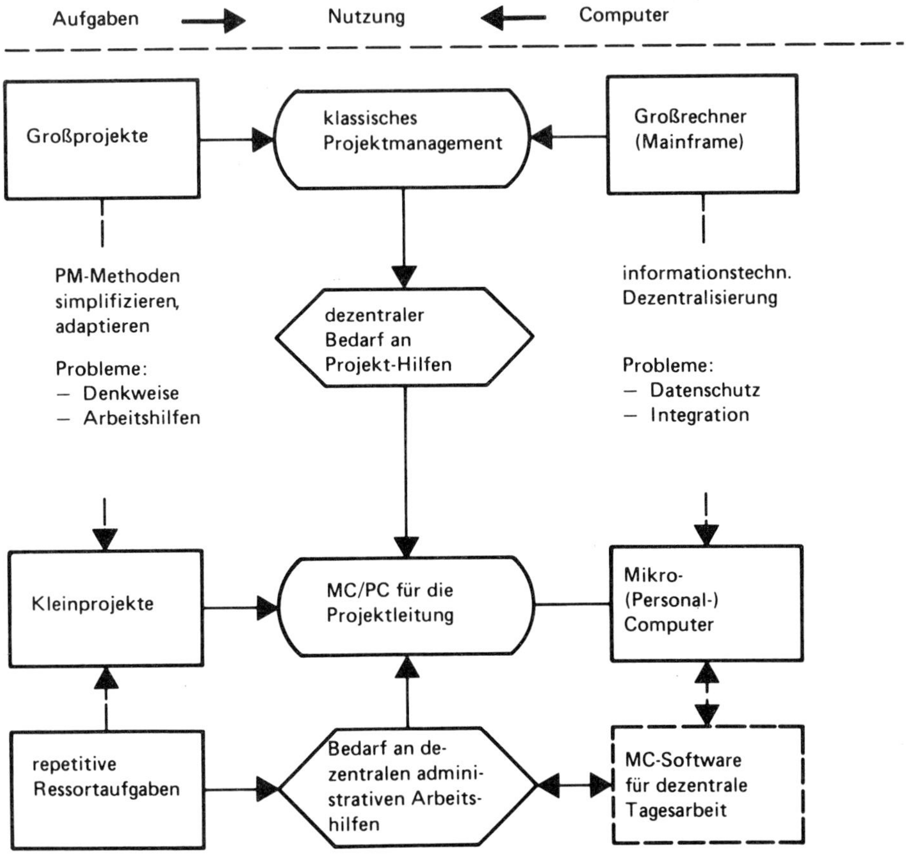

Bild 5 Anforderungen und Tendenzen hin zur Nutzung der Mikro-Computer in der Projektleitung (aus [8])

Auch das Durchrechnen großer Netzpläne erfordert wegen des hohen Rechneraufwands die Leistungsfähigkeit eines Großrechners.
Ein solcher Großrechner muß aber nicht unbedingt ständig für die Projektleitung verfügbar sein. So ist es in einigen Fällen durchaus wirtschaftlicher, aufwendige Rechenprogramme auf einem Service-Rechenzentrum über Datenfernverarbeitung in Anspruch zu nehmen und vor Ort die übrigen Aufgaben mit einem Arbeitsplatzrechner zu erledigen.
Die Datenfernverarbeitung ist immer dann miteinzubeziehen, wenn mehrere einzelne Arbeitsplatzrechner untereinander oder mit einem Großrechner verbunden werden sollen (horizontale bzw. vertikale Integration [9]). Diese Art der EDV-

Unterstützung ist zum Beispiel dann notwendig, wenn Projekte oder Projektteile räumlich ausgelagert sind und vor Ort eine Belegerfassung für eine rasche Berichterstattung notwendig ist.
Die dezentralen Stationen lassen sich dann für die rasche Verteilung von Berichten in Listenform wie auch als Grafik verwenden.

4 Projektkosten-Informationssystem – Beispiel einer Anwendung

Im Hause AEG werden im Geschäftsbereich Hochfrequenztechnik eine Vielzahl von Projekten unterschiedlicher Größenordnung gleichzeitig abgewickelt. Das bedeutet, daß nahezu jede Fachabteilung gleichzeitig an mehreren Projekten beteiligt ist. Für ein Projektkosten-Informationssystem bedeutet dies, daß es dem Projektleiter die Übersicht über alle Arbeitspakete aller beteiligten Abteilungen und dem Abteilungsleiter die Übersicht über alle Arbeitspakete für alle Projekte verschaffen muß, an denen er beteiligt ist.
Als Software-Lösung für das Projektkosten-Informationssystem wurde ein Standardpaket an die Bedürfnisse des Hauses angepaßt. Für die Hardware wurde eine vertikale Lösung gewählt, bei der bestimmte Funktionen dezentral ausgeführt werden können, der große Datenbestand aber auf einem zentralen Großrechner geführt wird.
Herkömmliche Kosten-Informationssysteme beschränken sich auf einen einfachen Soll-Ist-Vergleich. Da in einem solchen Vergleich der Stand der Arbeiten als Bezugspunkt nicht verfügbar ist, wurde für dieses Kosten-Informationssystem der Arbeitswert eingeführt. Der Arbeitswert gibt an, welche Kosten für die erledigten Arbeiten geplant waren. Im **Bild 6** ist ein entsprechender Soll-Arbeitswert-Ist-Vergleich dargestellt. Aus dem Vergleich von Arbeitswert (AW) und Ist ergibt sich für den Stichtag die Kostenabweichung, wie sie kumulativ für die betrachtete Abteilung und die betrachteten Arbeitspakete entstanden sind.
Der Vergleich von Arbeitswert und Soll gibt einen entsprechenden Vergleich der erbrachten Leistung, ausgedrückt in DM.
Unter der Annahme, daß das bisher erreichte Verhältnis von Ist-Kosten und Arbeitswert auch für die weiteren Arbeiten beibehalten wird, wurde in Bild 6 von dem gesamten Budget auf die Prognose hochgerechnet. Die Prognose gibt also an, mit welchen Gesamtkosten aus heutiger Sicht zum Ende des Projekts zu rechnen ist, wenn das Verhältnis von Ist-Kosten zu Arbeitswert bei den weiteren Arbeiten konstant bleibt.
Entsprechende Informationen, auch in Form von Listen und Diagrammen, können sich Projektleiter und Abteilungsleiter für jeden Detaillierungsgrad in der Projektstruktur, der Stellenstruktur, der Kostenartenstruktur und für beliebige Zeitpunkte aus dem Kosten-Informationssystem abrufen. Voraussetzung für die Nutzung dieses Kosten-Informationssystems ist, daß alle Projekte eine einheitliche Kostenstellen- und Kostenartenstruktur wählen. Die Projektstruktur wird von der Projektleitung allen am Projekt beteiligten Abteilungen vorgegeben.

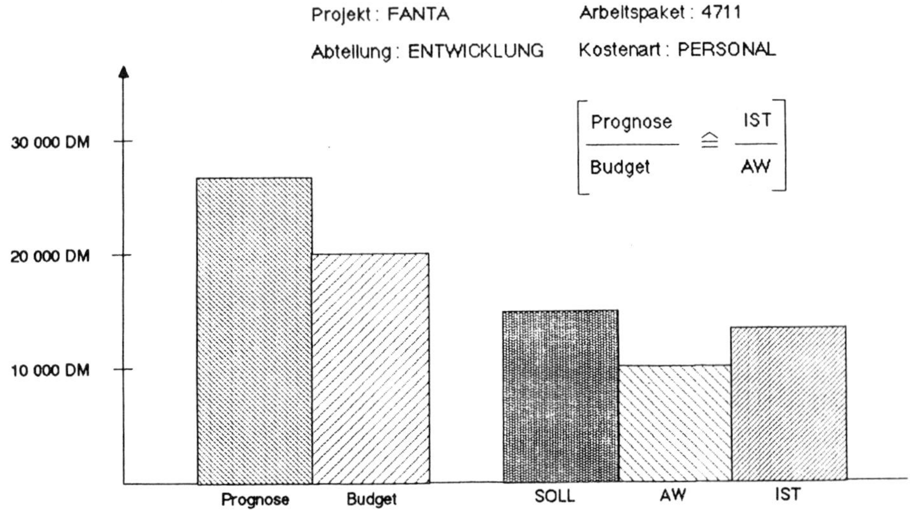

Bild 6 Soll-Arbeitswert-Ist-Vergleich aus dem Projektkosten-Informationssystem

5 Schrifttum

[1] Madauss, B.: Projektmanagement. Stuttgart: Poeschel-Verlag, 1984

[2] Wille, H.; Gewald, K.; Weber, H.: Netzplantechnik. München: Oldenbourg-Verlag, 1972

[3] Groh, H.; Gutsch, R.: Netzplantechnik. Düsseldorf: VDI-Verlag, 1982

[4] Hirzel, M.: Standardisierte Prozeßpläne. Maschinenmarkt 28 (1985)

[5] Solaro, D. et al.: Projekt-Controlling. Stuttgart: Poeschel-Verlag, 1979

[6] Netzplantechnik – PPS-System. Köln: Beuth-Verlag, 1974

[7] Noth, Th.; Schwichtenberg, Th.: PPS-Systeme auf dem Prüfstand. Computerwerke vom 28. 6. 1985, S. 14–16, und 5. 7. 1985, S. 14–16

[8] Dworatschek. GPM-Nachrichten (Febr. 1984) H. 5, S. 19–29

[9] Schwall, E.: PC-Einsatz im Betriebs- und Fertigungsbereich. In: Personal Computer am Arbeitsplatz des Elektrotechnikers (Hrsg.: W. Gilson). Berlin und Offenbach: VDE-VERLAG, 1984, S. 127–142

CAD-Einsatz im Chemieanlagenbau am Beispiel der elektrotechnischen Detailplanung

Dr.-Ing. *Karl-Friedrich Geibig*, Hoechst AG, Frankfurt a. M.-Höchst

1 Entwicklungsziel

Bei der Planung chemischer Anlagen arbeiten zahlreiche Planungsgruppen verschiedener Fachrichtungen über einen langen Zeitraum in iterativer Schrittfolge zusammen. Dabei kann im Rahmen von notwendigen Iterationen jede Änderung von Daten die Quelle kostenintensiver Planungspannen sein. So werden z. B. gleiche Datenbestände in verschiedenartig typisierter Form an verschiedenen Stellen verwaltet. Die Umsetzung muß durch den menschlichen »Prozessor« vorgenommen werden, indem eine Darstellungsform interpretiert und manuell in eine andere überführt wird. Die Lösungsgüte des Gesamtsystems ist somit abhängig von der Leistungsfähigkeit der menschlichen Schnittstelle.

Zielvorstellung jeder Anlagenplanung ist deshalb die automatisierte Verwaltung aller Anlagendaten, d. h.:

- die Integration von kommerziellen und technischen Anwendungen,
- die Integration von Verfahren für Information, Planung und Kontrolle in den einzelnen Anwendungsbereichen,
- die Integration von textualen (alphanumerischen) und grafischen Schnittstellen des Anwenders,
- die verstärkte Nutzung preis- und leistungsmäßig vorteilhafter DV-Technologien, z. B. CAD/CAE, interaktive Systeme, Datenbanksysteme, Methodenbanksysteme usw.

Das genannte Ziel erfordert rechnergestützte Planungstechniken, wobei unter dem Gesichtspunkt bestmöglicher Effizienz ein integriertes Gesamtsystem angestrebt werden sollte, **Bild 1.**

Hierzu sind folgende Aussagen relevant:

- Die DV ist das logische Zentrum der Objektbe- und -verarbeitung. Das heißt jedoch nicht, daß nur ein zentrales System diese Aufgaben leisten kann. Vielmehr ist durchaus an eine verteilte DV zu denken, wenn die logische Zusammenfassung gesichert ist, z. B. durch ein geeignetes Netz-Konzept.
- Alle Anwendungsabteilungen verfügen über einen direkten Zugriff auf die DV-Kapazitäten. Gegenüber der DV sind alle diese Abteilungen – grundsätzlich – solitäre Be- und Verarbeiter. Eine aus der Anwendungssicht notwendige Reihung einzelner Funktionen muß durch organisatorische Maßnahmen sichergestellt werden, wobei die DV hier »Hilfs«funktionen ausführen kann.

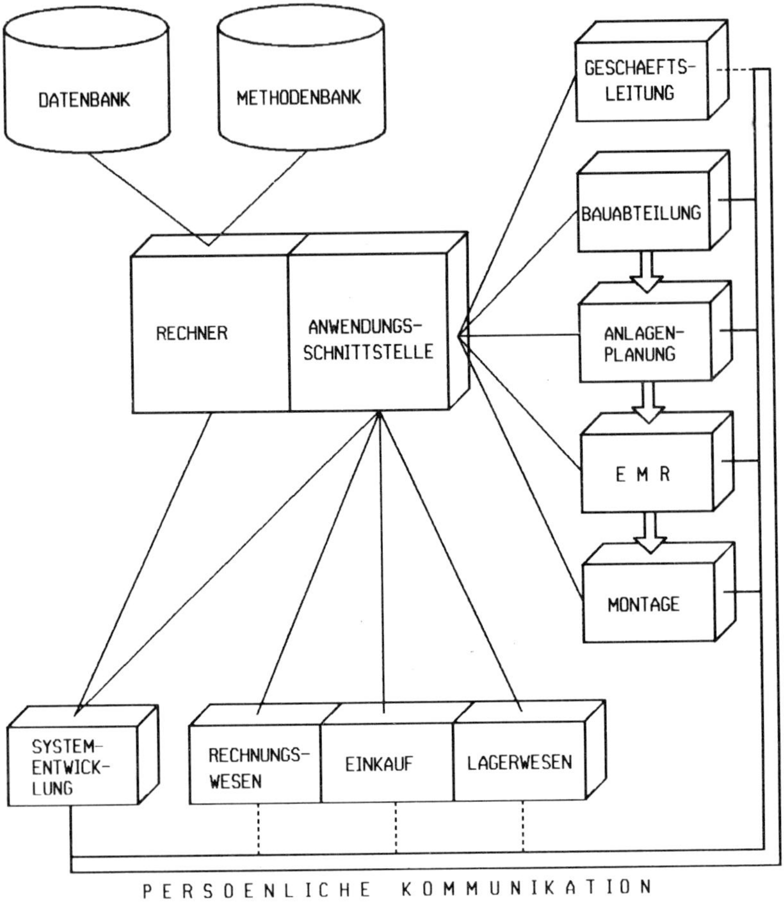

Bild 1 Entwicklungsziel

- Die Schnittstelle der DV zu den Anwendern ist vielfältig; sie ist entsprechend wachsender Bedürfnisse der Anwender erweiterbar. Jedem Anwender soll die ihn interessierende Information in der für ihn günstigsten Form angeboten werden.
- Der Anwender braucht sich nur um seine Anwendungsaufgaben (im organisatorischen Umfeld) zu kümmern; die physikalische Umsetzung erfolgt innerhalb der DV. Hierzu muß die interne Systemorganisation wichtigen Bedingungen genügen, z. B. Unabhängigkeit der Daten, Unabhängigkeit der Verfahren (Methoden), Verfügbarkeit ausreichend vieler Transformationsroutinen, usw.
- Für die Gesamtverwaltung und -entwicklung des DV-Systems sind Hilfsmittel hinzuzufügen, die auf einer systemnahen Ebene die Erstellung und Wartung der Software unterstützen (z. B. Systemprogrammierung).

2 Grobstruktur der Datenverwaltung innerhalb des Projektablaufs

2.1 Klassischer Ansatz der EDV-technischen Datenverwaltung

Der klassische Ansatz einer EDV-technischen Datenverwaltung ist durch den Begriff »Zentralisation« geprägt. Die Begründung für diesen Ansatz konzentriert sich auf folgende wichtige Argumente:

a) *Verminderung der Redundanz,* damit Reduktion des Umfangs der zu verwaltenden Daten.

b) *Zentralisation der Datenbank* auf möglichst großen Massenspeichern, um den »Kosten-Nutzen-Faktor« höchstmöglich zu nutzen.

c) *Zentralisation* zum Zweck der besseren *Sicherung der Integrität.* Dies geschieht einerseits durch Reduktion der Redundanz, wodurch mögliche Fehlerquellen zahlenmäßig verringert werden, andererseits durch eine zentrale Kontrolle des Datenbankzugriffs, so daß beispielsweise nicht zwei Anwender gleichzeitig ein Datum ändern können.

Speziell der letzte Aspekt setzt implizit voraus, daß der Anwender sich in einer analytisch-simultan bestimmten Lösungsumgebung bewegt: Alle Daten müßten spezifiziert sein, und der Umfang der Datenbank dürfte nicht zu verarbeitungsmäßigen Engpässen führen.
Diese Beurteilung zeigt jedoch, daß die o.g. Annahmen für die Projektbearbeitung in der Planung von Chemieanlagen nicht zutreffen.
Im einzelnen ergeben sich folgende Gegenargumente:
zu a) Bei dem gegebenen Umfang der zu verwaltenden Daten wird es notwendig sein, gezielte Redundanz der Daten zuzulassen, um DV-mäßig und auch seitens der Anwender noch einen akzeptablen Zugang zu den Daten zu bekommen.
zu b) Um in Zeiten sich ständig verbilligender Hardware auf der DV-Seite noch etwas einzusparen, müßte ein wesentlich erhöhter Organisations- und Personalaufwand betrieben werden, und dies zu tendenziell steigenden Kosten.
zu c) Instabilitäten der Planungsverfahren wirken sich bei zentraler Datenverwaltung auf das gesamte Projekt aus, während bei Dezentralisation notwendige Anpassungen begrenzt werden können. Das Argument der Integritätssicherung ist nicht stichhaltig, da man bei Instabilität weder zentrale noch dezentrale automatische Ablaufsicherung betreiben kann.
Aus anwendungsmäßiger Sicht bedeutet *Integrität,* daß spätestens zum Projektabschluß eine komplette (und integere) Dokumentation über das Projekt vorliegen soll. Dies ist auch bei dezentraler Datenverwaltung möglich.

2.2 Lösungsvorschlag für die technische Projektdatenverwaltung

Die Grobstruktur der Datenverwaltung, **Bild 2,** sollte langfristig durch entsprechende Hard- und Software-Konfiguration der vorgegebenen Planungsorganisation angepaßt sein; innerhalb der Organisationsblöcke gelten identische Strukturen, d.h., Block *n* ist strukturell die *n*-te Kopie des Blocks 1.

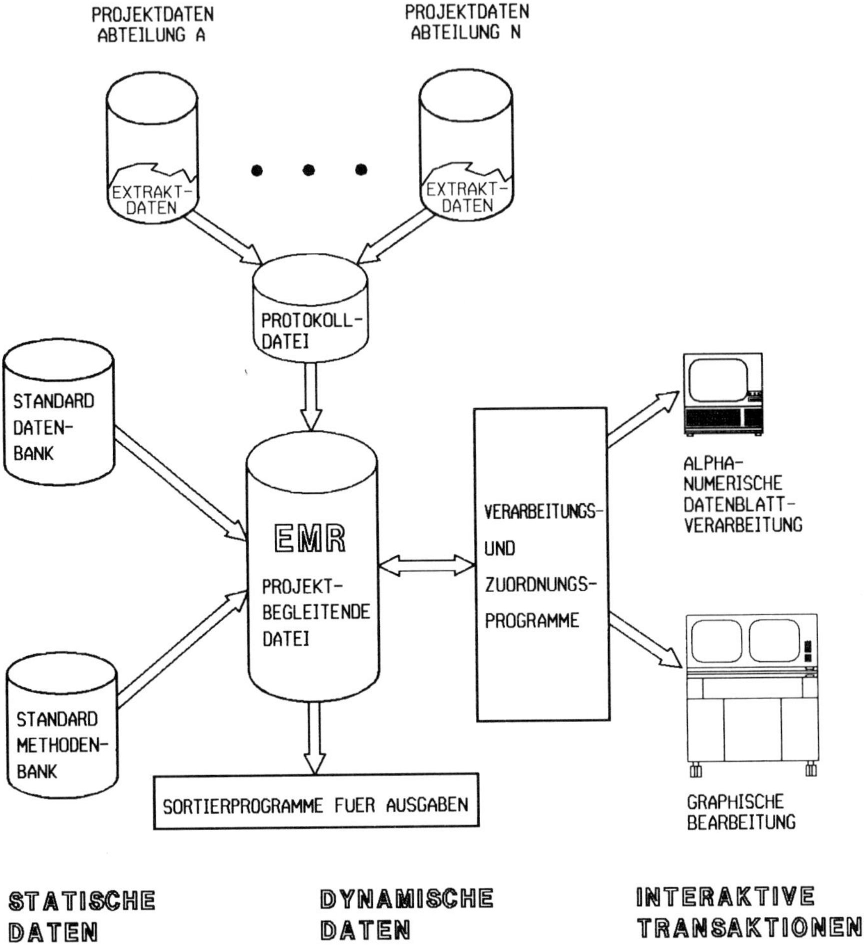

Bild 2 Grobstruktur der Datenverwaltung

Während der Projektbearbeitung existiert für jede Abteilung eine Projektdatei. Eine Abteilung B zieht nach Freigabe einen Extrakt aus der Projektdatei der Abteilung A. Die Extraktdaten werden für einen bestimmten Zeitraum oder für eine bestimmte Anzahl von Revisionen protokolliert.
Innerhalb eines Funktionsblocks ergeben sich drei unterschiedliche DV-Bereiche:

1. *Bereich der statischen Daten*
Hier werden in Standarddaten- und Standardmethodenbanken z. B. Geräte- und Betriebsmitteldaten bzw. einfache Verfahren zur Planung, zur Entwurfsunterstützung, Checklisten und Berechnungsverfahren verwaltet. Der Bereich der statischen Daten ist der kostenintensivste und erfordert deshalb eine strenge Systemanalyse.

2. *Bereich der dynamischen Daten*
Hier werden die aktuellen »lebenden« Projektdaten verwaltet.
Wegen der erforderlichen kurzen Zugriffszeiten sollten in diesem Bereich Projektdateien zur Anwendung kommen.

3. *Bereich der Anwendungsschnittstelle*
Hier muß durch entsprechende Hard- und Software den Bedürfnissen der Anwender Rechnung getragen werden.

Das vorgeschlagene Verfahren hat folgende Vorteile:
1. Änderungen in einem Funktionsblock werden in ihren Auswirkungen auf das Gesamtsystem begrenzt.
2. Es ist eine leichte Revisionsverwaltung der jeweils weitergegebenen Extrakte möglich; natürlich auch eine Auswertung der Differenzen zwischen zwei Revisionsständen.
3. Das Datenvolumen je Funktionsblock wird signifikant reduziert – mithin auch die Komplexität. Somit ist die Integrität leichter sicherzustellen; die Leistungsanforderungen an die DV-Technologie wie auch an die Anwender werden reduziert.
4. Der Entwurf eines solchen Systems wird durch die Gliederung wesentlich vereinfacht; die Anzahl der Freiheitsgrade wird gesenkt.

Somit hat diese Art der Vorgehensweise sowohl eine DV-technische als auch eine anwendungsmäßige Rechtfertigung – besonders, wenn sich, wie im vorliegenden Fall, eine derartige Ablauffolge aufgrund der Anwendung anbietet.

3 DV-Klassifizierung der Projektbearbeitung

Zur Automatisierung der Projektbearbeitung mit Hilfe der technischen DV ist eine Klassifikation der Projektkomponenten bzw. der Projektdaten nötig. Für ein EMR-Projekt innerhalb einer Chemieanlage ergeben sich vier große Klassifikationsbereiche, **Bild 3.**

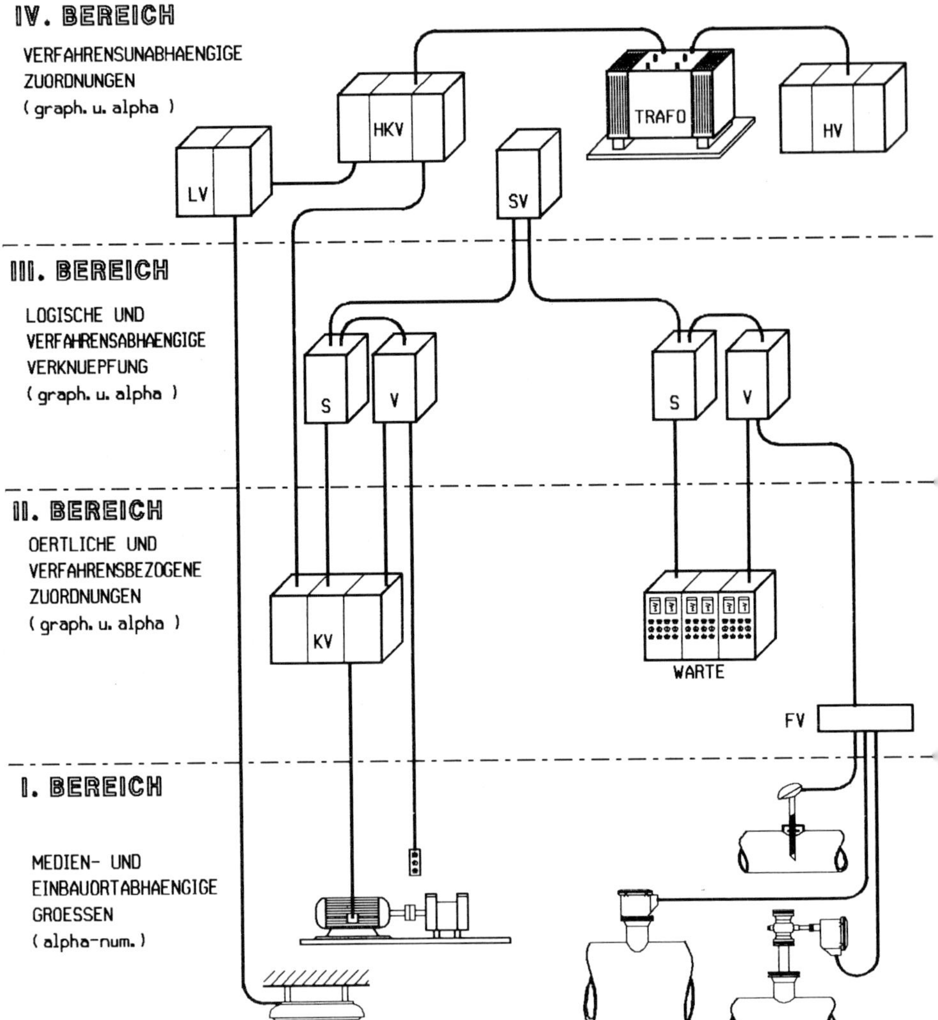

Bild 3 Klassifikationsbereiche

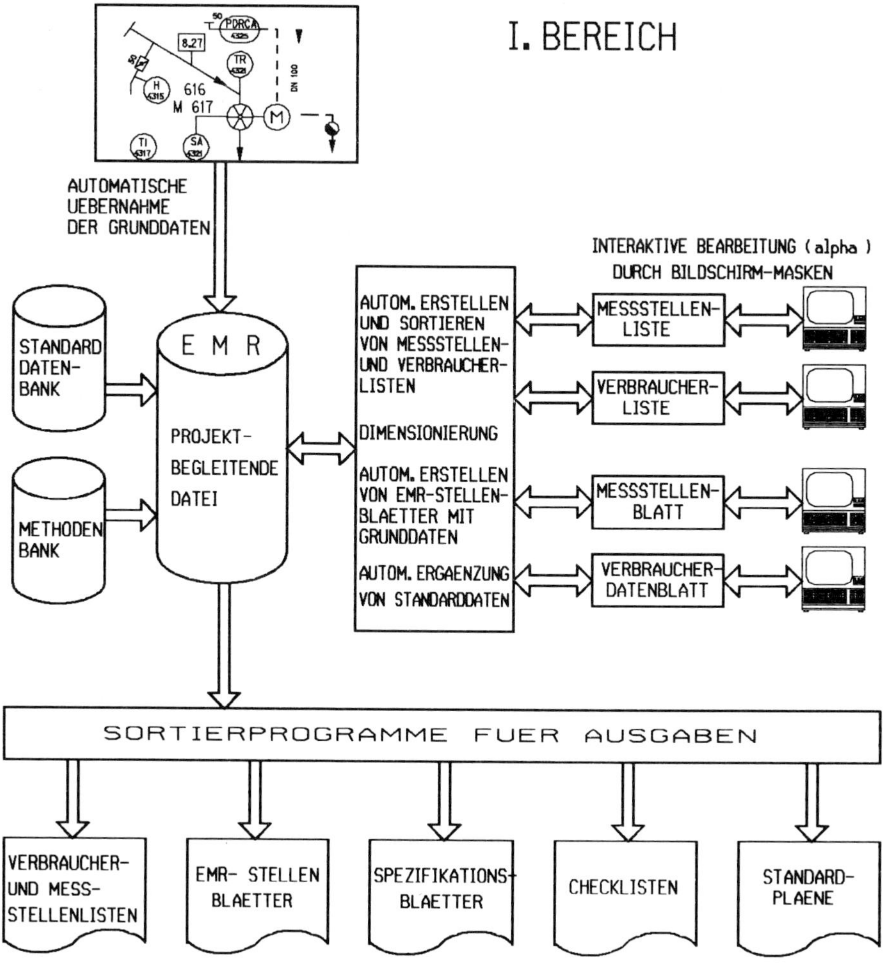

Bild 4 Bereich I: alphanumerische Datenblattverarbeitung

Im Bereich I werden hauptsächlich medien- und bauortabhängige Komponenten mit Hilfe eines Datenblattsystems erfaßt und in der Projektdatei verwaltet. Die Dateneingabe erfolgt mit der heute üblichen Maskentechnik, das Datenblattsystem besitzt zur Eingabe mehrere hierarchisch geordnete Masken.

Folgende Hauptaktivitäten fallen in diese Bereiche:
- automatische Übernahme der Grunddaten von anderen Funktionseinheiten,
- automatisches Erstellen von Verbraucher- und Meßstellenlisten,
- Sortierung nach vorgegebenen Kriterien,
- automatisches Erstellen der Datenblätter mit Kopf- und Grunddaten,
- Ergänzung fehlender Daten aus der Standarddatenbank, nach projektspezifischen Angaben durch den Anwender,
- Erstellen der entsprechenden Dokumentation.

Im Bereich II ist sowohl eine grafische als auch eine alphanumerische Datenverarbeitung nötig. Hier werden im wesentlichen Warten und Verteilungen bearbeitet, wobei das Erstellen und Belegen der Warten und Verteilungen am grafischen Arbeitsplatz erfolgt. Das Ergänzen der vorausgefüllten Installationslisten geschieht alphanumerisch.

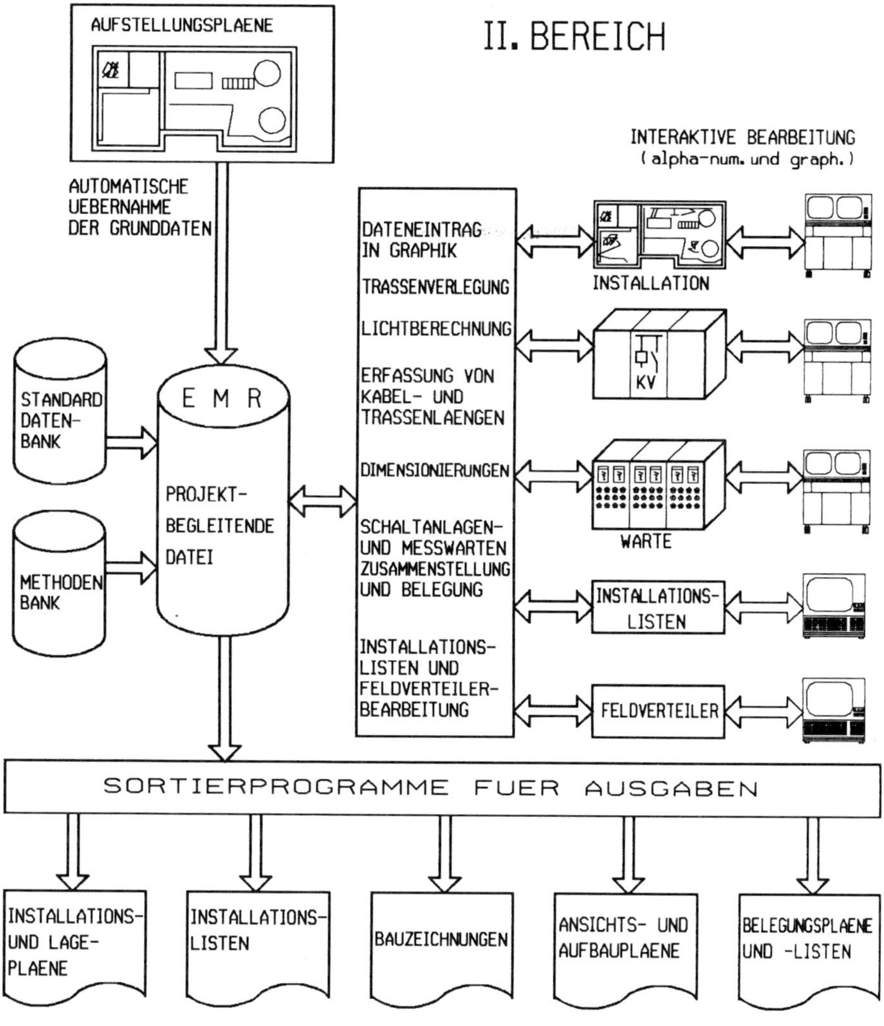

Bild 5 Bereich II: örtliche und verfahrensbezogene Zuordnung

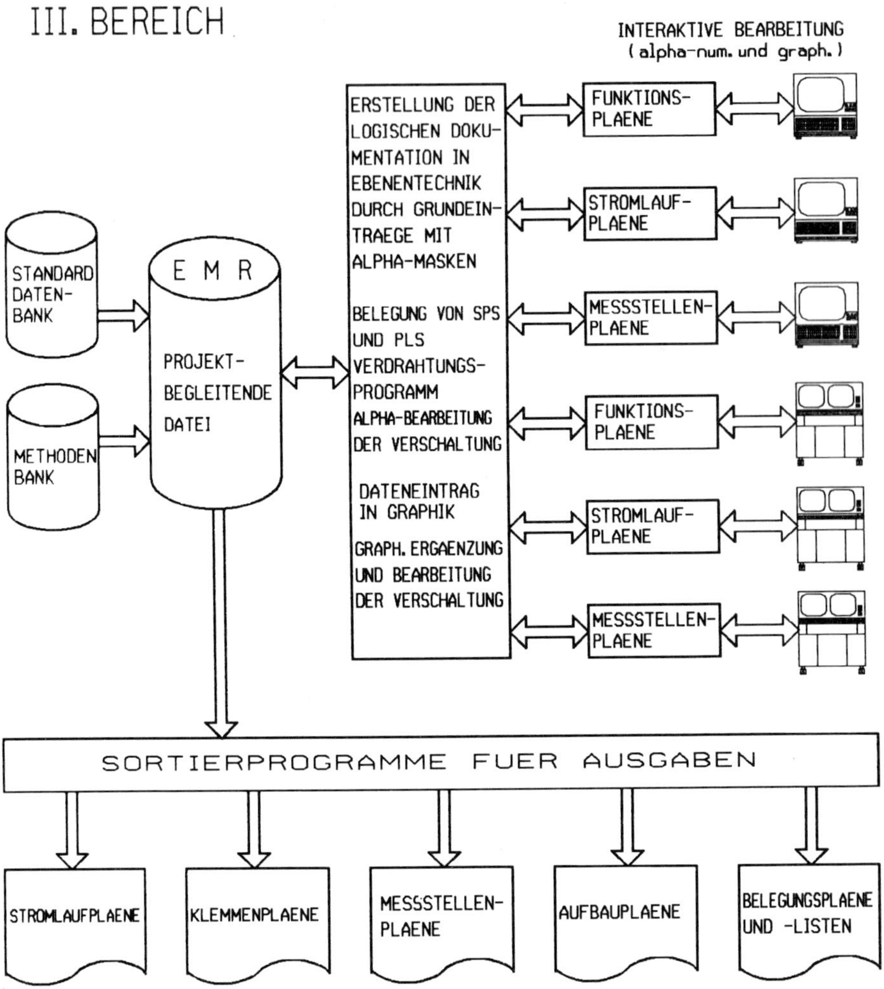

Bild 6 Bereich III: logische und verfahrensabhängige Verknüpfung

Im Bereich III wird die komplette logische Dokumentation erstellt, die zu bearbeitenden Pläne werden dem Konstrukteur bereits in einer vorkonfigurierten Grundversion angeboten.

Beispiel: Stromlaufplanerstellung
Der Konstrukteur erhält aus den Datenblättern die Grundeinträge für Alpha-Masken. Anschließend werden spezifische Steuerungsbedingungen im Dialog in die Masken eingetragen. Der so erstellte Grundplan wird bei Bedarf am grafischen Arbeitsplatz weiterbearbeitet und geplottet.
Die Verdrahtung sollte durch ein entsprechendes Verdrahtungsprogramm unterstützt werden. Zusammen mit den vorhandenen Informationen aus Bereich II können dann automatisch Klemmenpläne und -listen generiert werden.

Bereich IV

Der Bereich IV enthält Komponenten, die projektübergreifend zu dokumentieren sind. Hier wiederholen sich die Einzelbereiche.

4 Rationalisierungsschritte

Eine gleichzeitige Einführung des kompletten Planungssystems ist nicht möglich, vielmehr muß in den einzelnen Bereichen schrittweise vorgegangen werden. Innerhalb der einzelnen Bereiche ergeben sich im wesentlichen vier Rationalisierungsschritte:

Schritt 1: Anwendung der Menü- und Makrotechnik (reines Zeichnen)
Dieser Rationalisierungsschritt eignet sich für projektspezifische grafisch manipulierbare Dokumentationsanteile geringer Verknüpfungstiefe, wie z. B. für Installations-, Block- und Übersichtsschaltpläne; es werden lediglich die grafischen Systemmöglichkeiten zur Dokumentationserstellung genutzt. Mit Hilfe eines Menüs plaziert man einfache Elemente, faßt diese zu einem Makro zusammen und kopiert.

Schritt 2: Anwendung der Variantenkonstruktion durch Ebenentechnik
Die Ebenentechnik wird in der Elektroplanung bei Unterlagentypen angewandt, bei denen sich ausgehend von Grundvarianten durch Kombination beliebige Nebenvarianten erzeugen lassen. Ein typisches Beispiel hierfür ist das Erstellen von Stromlaufplänen.
Für eine bestimmte Grundfunktion eines Antriebs gibt es verschiedene Varianten, entsprechend diesen Varianten variable und invariable Elemente des Stromlaufplans. Alle Invariablen werden auf einer Konstruktionsebene dargestellt, alle Variablen auf verschiedenen. Je nach geforderter Planvariante müssen nun lediglich die entsprechenden Zeichenebenen ein- und ausgeblendet werden.

Schritt 3: Verknüpfung grafischer und alphanumerischer DV
Die Rationalisierung nur der Zeichentechniken genügt nicht den Anforderungen der Planung einer umfangreichen elektrischen Anlage, da Unterlagentypen und deren Datenbestände sowohl in Plänen als auch in Listen redundant vorhanden sind, die die Verknüpfung grafischer und alphanumerischer DV erfordern.
So ist die Dokumentation einzelner Komponenten, z. B. der Verbraucher im Prozeß

oder der Transformatoren, unproblematisch, da für jedes Individuum nur eine geringe Anzahl von Daten zu verarbeiten ist. Kritischer dagegen stellt sich die Dokumentation der Verteilungen dar. Hier handelt es sich um Knotenpunkte, in denen Informationen zusammenlaufen und entsprechend vorgegebener Bedingungen logisch verknüpft werden.
Zur Erstellung der Dokumentation von Kraft- und Lichtinstallation wurden deshalb Programmpakete entwickelt, die durch die Integration von textualen und grafischen Schnittstellen den Umfang der vom Konstrukteur zu verarbeitenden Daten verringern und Routinetätigkeiten, wie das Ausfüllen von Installationslisten, auf ein Minimum reduzieren.

Schritt 4: Interdisziplinäre technische DV
Systematisierung und Automation nur in einem Bereich stoßen schnell auf Grenzen! Daraus folgt ein integriertes Gesamtsystem, das für die EMR eine rechnerinterne Übernahme, z.B. von Verfahrensdaten, Lage-, Aufstellungs- und Bauplänen, ermöglichen muß.
Mit der Einführung einer interdisziplinären technischen DV ist eine vollständige rechnergestützte Dokumentationserstellung möglich.

5 Vorhandenes CAD-System

Das vorhandene CAD-System ist ein schlüsselfertiges System der Fa. Intergraph.

Dieses System besteht aus folgenden *Hardware*komponenten:
VAX 780 Hauptrechner, 12 MByte Hauptspeicher
VAX 730 Back-up-Rechner
Bandstation
Plattenspeicher: 2 × 80 MByte
2 × 300 MByte
2 × 675 MByte
14 grafische Arbeitsstationen mit Doppelbildschirm
13 alphanumerische Terminals
elektrostatischer Plotter DIN A0
4 elektrostatische Plotter DIN A3

Software
Grafische Software der Firma Intergraph.
Eigene elektrotechnische Planungssoftware entsprechend den Klassifikationsbereichen I bis III und 70%-iger Durchführung des dritten Rationalisierungsschritts.

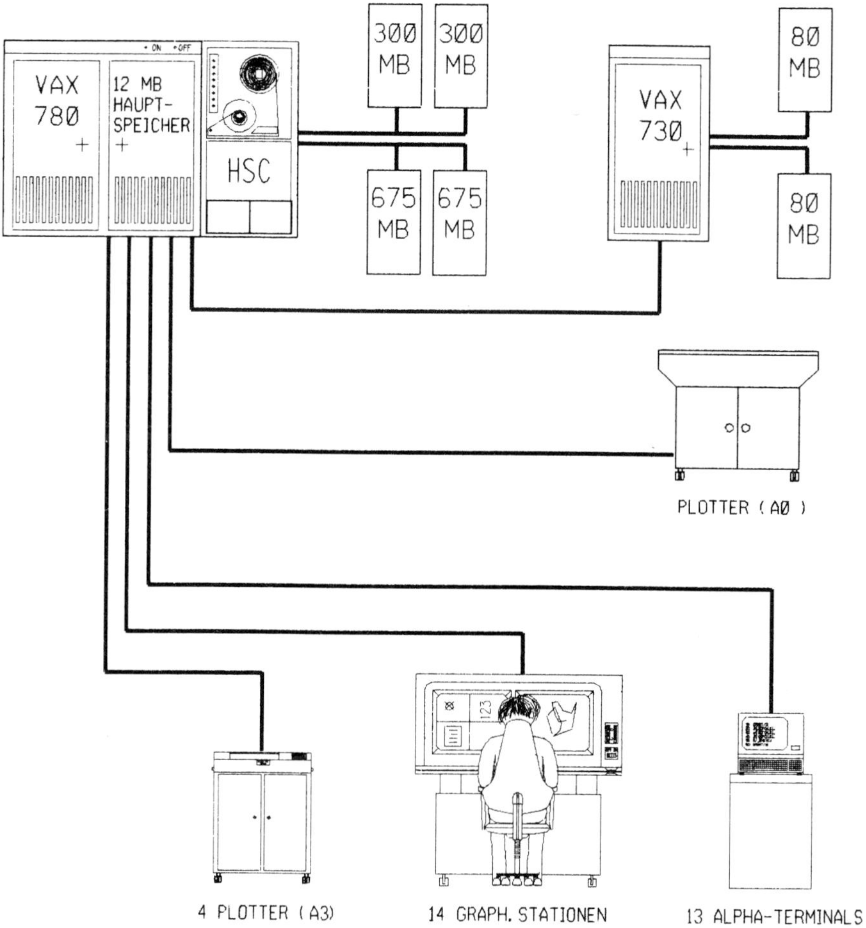

Bild 7 Bestehendes CAD-System

IV. BEREICH VERFAHRENSUNABHAENGIGE ZUORDNUNGEN (graph. u. alpha) 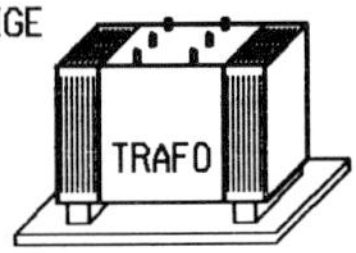	BLOCKSCHALTPLAN UEBERSICHTSSCHALTPLAN KABELTRASSENPLAN KABELLISTEN KLEMMENPLAN STROMLAUFPLAN BERECHNUNGEN
III. BEREICH LOGISCHE UND VERFAHRENSABHAENGIGE VERKNUEPFUNG (graph. u. alpha) 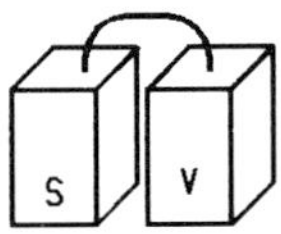	FUNKTIONSPLAN STROMLAUFPLAN KLEMMENPLAN BELEGUNGSPLAN VERDRAHTUNGSLISTEN
II. BEREICH OERTLICHE UND VERFAHRENSBEZOGENE ZUORDNUNGEN (graph. u. alpha) 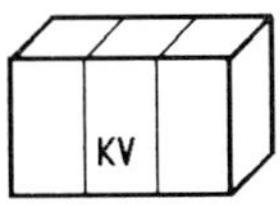 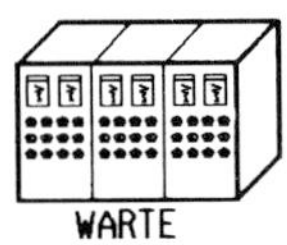	STROMLAUFPLAN KLEMMENPLAN BELEGUNGSPLAN KONSTRUKTIONSPLAN UEBERSICHTSPLAN AUFSTELLUNGSPLAN AUFBAUPLAN INSTALLATIONSLISTEN
I. BEREICH MEDIEN- UND EINBAUORTABHAENGIGE GROESSEN (alpha-num.) 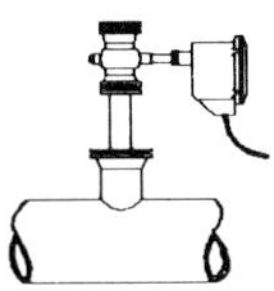 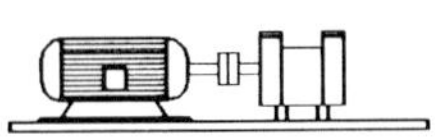	VERBRAUCHERLISTEN SPEZIFIKATIONSBLAETTER VERBRAUCHER-KENNBLAETTER STANDARD-MONTAGEANORDNUNGEN BERECHNUNGEN

Bild 8 Haupttypen der Dokumentationsteile

6 Dokumentationsumfang

Mit dem vorhandenen rechnergestützten Planungssystem wird die in der Elektrotechnik übliche Dokumentation sowohl für die Projektbearbeitung, -ausschreibung, Montage als auch für die Betriebsbetreuung erstellt und gepflegt. Die Haupttypen der Dokumentationsteile sind beispielhaft in **Bild 8** dargestellt.
Im Jahr 1984 wurden 59 Projekte im In- und Ausland mit insgesamt ca. 10000 Dokumenten bearbeitet. Nach Formaten geordnet ergibt sich eine Verteilung nach **Bild 9.**
Die Projektgröße lag zwischen 5 und 200 installierten Antrieben.

1.	ANZAHL DER PROJEKTE	: 59		
2.	ANZAHL DER ZEICHNUNGEN	: 750	BLATT	(DIN-A4)
		8115	BLATT	(DIN-A3)
		580	BLATT	(DIN-A2/A1/A0)
3.	DAVON CAD-BEARBEITET	: 498	BLATT	(DIN-A4)
		3908	BLATT	(DIN-A3)
		112	BLATT	(DIN-A2/A1/A0)

Bild 9 Dokumentationsumfang

1. ZEITVERGLEICH OKTOBER 82

MAN. DOKUMENTATIONSERSTELLUNG		78 h
CAD.-DOKUMENTATIONSERSTELLUNG		37 h
MAN./CAD	=	2,1

2. ZEITVERGLEICH JANUAR 83

MAN. DOKUMENTATIONSERSTELLUNG (KALK.)		327 h
CAD.-DOKUMENTATIONSERSTELLUNG		101 h
MAN./CAD	=	3,2

3. ZEITVERGLEICH AUGUST 83

MAN. DOKUMENTATIONSERSTELLUNG (KALK.)		198 h
CAD.-DOKUMENTATIONSERSTELLUNG		44 h
MAN./CAD	=	4,5

Bild 10 Wirtschaftlichkeitsvergleich

7 Wirtschaftlichkeit

Eine Wirtschaftlichkeitsbetrachtung basiert auf den Investitions- und auf den laufenden Kosten, d.h. auf dem bisherigen Arbeitsablauf und dem rechnerunterstützten Ablauf sowie auf den zusätzlichen Einsparungen. Quantifizierung und Gewichtung der Verbesserungen liegen im Ermessen der Anwender, ebenso deren Berücksichtigung in der Wirtschaftlichkeitsbetrachtung. Die Auswahl eines CAD-Systems und die Überprüfung auf Wirtschaftlichkeit werden hier nicht weiter erläutert. An einem konkret durchgeführten Vergleich wird der vorteilhafte Einsatz der EDV nachgewiesen, **Bild 10.**

Nach der Implementierung und den ersten Anwendungserfahrungen wurde im vierten Quartal 1982 in der Elektroplanung für zehn verschiedene Unterlagentypen die Grundzeit durch manuelle Erstellung ermittelt. Bezogen auf 100% Gesamtzeit mit konventioneller Bearbeitung ergab sich der Beschleunigungsfaktor 2. Es wurde lediglich entsprechend dem ersten Rationalisierungsschritt mit Menü- und Makrotechnik gearbeitet.

Ein weiterer Versuch Anfang 1983 ergab den Beschleunigungsfaktor 3,2. Das ist eine Verbesserung um 60% gegenüber der ersten Untersuchung, bedingt durch die Einführung des Rationalisierungsschritts 2 Variantenkonstruktion. Der erreichte Faktor stellt gerade die Wirtschaftlichkeitsgrenze des Systems dar.

Zu bemerken ist, daß die Dokumentationserstellung mit hohen textualen Anteilen (Installationslisten) lediglich einen Faktor von 1:2,5 erbrachte, während bei anstehenden Korrekturen, hervorgerufen durch Belegungsänderungen in den Schaltverteilungen, der Faktor 1:16 erreicht wurde.

Nach der Integration von alphanumerischen und grafischen Schnittstellen (Rationalisierungsschritt 3), wurde bei einem weiteren Wirtschaftlichkeitsvergleich im August 1983 ein Gesamt-Beschleunigungsfaktor von 4,5 erreicht.

Seit Anfang 1984 benutzen alle Konstrukteure der Elektrotechnischen Planung das bestehende CAD-System.

8 Schrifttum

Siehe Beitrag »Auswahlkriterien und Wirtschaftlichkeit von CAD-/CAE-Verfahren« von Dipl.-Ing. Kurt-Oskar Leitner in dieser Broschüre.